Rooting in the Countryside and Creating the Future

Excellent Cases of Digital Economy Helping Rural Revitalization

根植乡村
创想未来

——全国数字经济助力乡村振兴优秀案例

中国科技金融促进会、《财经》读数、北京稷下智库 ◎编

中国财经出版传媒集团

经济科学出版社
Economic Science Press

编委会成员

序言

PREFACE

　　2017 年 10 月，以习近平同志为核心的党中央提出了以产业兴旺、生态宜居、乡风文明、治理有效、生活富裕为总要求的乡村振兴战略，成为新时代"三农"工作的总抓手。经过 5 年多的努力，我国乡村振兴战略政策体系的"四梁八柱"已经搭建完成，以《中国共产党农村工作条例》《中华人民共和国乡村振兴促进法》为主要代表的乡村振兴法律法规体系逐步健全，《2018—2022 年乡村振兴战略规划》也已圆满完成既定目标任务。2022 年 10 月，党的二十大报告明确提出，从现在起，中国共产党的中心任务是团结带领全国各族人民全面建成社会主义现代化强国、实现第二个百年奋斗目标，以中国式现代化全面推进中华民族伟大复兴。站在新的历史起点上，全面推进乡村振兴，正需要在党的领导下汇聚各方力量，汲取各界智慧。

　　数字经济是继农业经济、工业经济之后的主要经济形态，事关国家发展大局。随着互联网、大数据、云计算、人工智能、区块链等技术蓬勃发展，数字经济持续激发经济社会发展的新动力，在促进国家粮食安全、防范化解规模性返贫风险，以及乡村发展、乡村建设和乡村治理中提供了坚强科技保障，特别是在普惠金融助力乡村产业发展领域，数字技术发挥了广泛而巨大的作用。未来五年是全面建设社会主义现代化国家开局起步的关键时期，中国科技金融促进会、《财经》读数和北京稷下智库能在这个特殊时段将数字经济助力乡村振兴的优秀案例汇编成册，意义非凡。

书中汇编的 32 个案例涉及国家级普惠金融改革试验区、中央财经支持普惠金融发展示范区、地方政府、银行业金融机构、证券公司、期货公司、地方金融组织、金融科技公司和数字技术公司等。案例内容丰富，比较集中地反映了数字经济特别是数字金融助力乡村振兴战略的丰硕成果，几乎涵盖了数字经济助力乡村振兴的方方面面，涉及江西、河南、河北、广西、四川、湖南、浙江、江苏、北京、上海、广东等省（区、市）和新疆生产建设兵团。案例创新性强，体现了各地、各机构在数字经济助力乡村振兴工作中的实践热情、主动作为和勇敢担当，理念创新、方法创新、抓手创新跃然纸上，如河北乐亭农业大数据平台、广西东兰基于"五位一体"总体布局的农村信用体系建设、申万宏源公司乡村振兴公司债券、信也科技高效助贷新模式等。这些来自乡村振兴一线的优秀案例特色鲜明、生动鲜活，突出做法、注重实效，具有较强的可操作性和典型意义，值得认真思考和学习推广。

乡村振兴是全域、全员、全面的振兴，是一场持久战。2023 年是进入全面建设社会主义现代化国家、向第二个百年奋斗目标进军新征程的重要一年，全面推进乡村振兴，更好发挥"三农""压舱石"作用，确保农业稳产增产、农民稳步增收、农村稳定安宁，数字经济和数字金融大有可为。《根植乡村，创想未来——全国数字经济助力乡村振兴优秀案例》通过总结归纳各地、各机构深度参与乡村振兴战略实施中的新思路、新方案、新抓手，为社会各界共同参与乡村振兴提供了可学习、可借鉴、可复制的经验，具有很强的示范引领作用。

谨向奋战在乡村振兴一线的广大农民、农业工作者、农村建设者以及从事、关心、支持乡村振兴和数字经济、数字金融事业的社会各界人士致以崇高敬意！

本书编委会
2023 年 3 月

目录
Contents

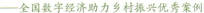
第三部分
银行业金融机构

第四部分

证券公司和期货公司

第五部分

地方金融组织、金融科技公司和数字技术企业等

第一部分

国家级普惠金融改革试验区和中央
财政支持普惠金融发展示范区

融出新高度　闯出大格局
——阿拉尔多措并举探索兵团产融结合发展模式

新疆生产建设兵团第一师阿拉尔市财政局（金融办）

一、案例概况

为全面贯彻党的十九届五中全会和中央农村工作会议、全国金融工作会议、2022 年中央一号文件《中共中央　国务院关于做好 2022 年全面推进乡村振兴重点工作的意见》精神，深入贯彻落实习近平总书记在第三次中央新疆工作座谈会上的系列讲话，进一步完善金融市场体系，充分发挥普惠金融服务"三农"的优势，助力乡村振兴战略，促进职工群众增产增收，新疆生产建设兵团第一师阿拉尔市政府以数字普惠金融为手段，围绕特色农业产业，聚焦服务中小微企业、新型农业经营主体及农户，依托聚天红"红枣期货交割库"，连续三年开展红枣"保险＋期货"试点项目，建立了红枣产业"企业＋合作社＋农户""保险＋期货＋订单农业"的利益联结机制，形成红枣产业良性发展模式；与辖区金融机构签订《共同守则》，开展白名单制线上业务"两免一优惠"小额农户贷款，开发"企信贷""农贷通"等"线上＋线下"结合的金融产品，为农户、合作社等解决融资难、价格低、销路窄的问题，有效助力乡村振兴发展。

二、主要做法

（一）小额农户贷款深入人心

"我种了40亩红枣地，取消五统一政策后，需要自己解决种地资金问题，刚开始可把我愁死了，后来阿克苏农商行向我们介绍'农贷通'信用产品，一下给我贷了10万元，这个产品一次授信，还可以循环使用，秒借秒还，帮我解决了农资、水费及机力费资金问题，解了我的燃眉之急，党的政策真是好啊！"第一师9团18连职工马金成高兴地说道。据了解，马金成已经连续两年使用"农贷通"资金，及时有效地解决了春耕资金缺乏和担保难、融资难的问题。

阿克苏农商银行客户经理深入连队了解红枣种植情况，为农户提供贷款支持

马金成所说的"农贷通"产品，正是兵团推行"两免一优惠"小额农户贷款政策后，金融机构配合政策落实落地开发的一款信用产品。2018年开始，在兵团地方金融监管局的协调下，辖区金融机构签定《共同守则》，为全民所有制和集体所有制农户提供免抵押、免担保、优惠利率的"两免一优惠"小额农户贷款。自贷款优惠政策实施以来，每年为农户投放的小额农户贷款约30亿元，平均每年为农户节约融资成本8000万元，大大提高了农户的种植信心。

（二）"保险＋期货"试点项目增量扩面

有了资金的支持，师市林果业得到大力发展，红枣种植规模不断扩大。为促进红枣产业发展，2019～2021年，在郑州商品交易所、格林大华期货等单位的支持下，阿拉尔市开展5单红枣"保险＋期货"和2单"农民合作社＋场外期权"项目。截至2022年，总保费规模达到1350万元，其中：争取郑州商品交易所（以下简称郑商所）、期货公司等外部资金895万元，财政配套资金280万元，农户自缴175万元，共惠及3家合作社、约1278户枣农，保障现货价值约2.7亿元，累计赔付739万元。

2021年，第一师阿拉尔市政府与郑商所等单位共同举办红枣"保险＋期货"项目启动仪式

在此基础上，师市财政加强与郑商所的对接，继续申报2022年红枣"保险＋期货"试点项目，拟进一步扩大试点项目范围。同时，在建信期货和太平洋财险、格林大华期货和中华财险的支持下，师市组织申报了2022年大商所养殖类"新疆专项"和"生猪专项"两个项目，均已获得立项通过。

（三）不同产品组合有效缓解枣农急难愁盼问题

1. "保险＋期货"，缓解枣农价格问题

枣农通过保险公司购买红枣期货价格保险，保险公司向期货公司风险

管理子公司购买红枣场外期权以实现再保险，期货子公司利用期货市场进行风险对冲。当红枣价格下跌时，期货子公司对保险公司进行赔付，保险公司对枣农进行保险理赔，从而为枣农提供保障。2021年运用该模式实施的县域覆盖项目规模达到1.45亿元，获得枣农的一致好评。

2021年第一师十三团红枣"保险＋期货"理赔仪式上参保户领取赔付款

第一师十三团十一连枣农庞金刚在红枣"保险＋期货"县域覆盖项目赔付活动上说："我今天收到了7420元的理赔款，这已经是我第三年参加'保险＋期货'试点项目了，真是惠农的好项目，为我们解决了收入的大问题，希望明年我们还可以再投保。"

2. "保险＋期货＋订单农业"，缓解枣农销售问题

在开展"保险＋期货"的基础上，发挥聚天红"红枣交割库"资源优势，引入果业协会下属企业、合作社，负责为投保农户提供订单收购工作，企业的收购库存和价格风险再通过期货市场套期保值或期现贸易方式完成风险闭环。该模式不仅能够满足农户的销售问题，还能解决合作社、企业采购原料的需求，重要的是按交割标准统一了红枣行业标准，促进了产业品质提升。2021年格林大华协助企业、合作社开展的"期货＋订单农业"金额达到1.7亿元。

"我们红鑫源枣业公司这几年参加'保险＋期货'业务，采用'农资公司＋农户＋枣业公司＋订单'联合经营的模式，与十三团枣农建立了稳定的农资供应关系，同时为枣农提供代加工、代销售服务，红枣价格比以前好了。"红鑫源枣业公司王文杰表示，"2022年上半年我们就已经签订10000吨的红枣收购合同，为支持我们稳定收购和销售渠道，阿克苏农商行还给我们贷了300万元信用贷款，真是太感谢了，我们这类加工企业以前没有抵押物是贷不上款的，有了这个新模式之后，我们的业务也比以前做得顺多了"。

3. "保险＋期货＋银行"，缓解枣农资金问题

"保险＋期货"实际上是给予农户一个有价格、有数量的保单，具备收入凭证作用，枣农通过保险公司保单提高银行增信，降低贷款利率，提高贷款额度，在担保和周期上再给予一定优惠政策。该模式得到地方银行的认可，配合出台了相应的金融产品支持农户、合作社发展。

"我的社员跟着我一起参加了3年的'保险＋期货'项目，种红枣是越来越有信心了。"阿拉尔市红福天枣业公司法人何军信心满满地说道，"我的这个加工厂主要是从社员手上收购红枣，在线上线下同步销售，有了这个政策，现在新疆华元融资担保有限公司还为我提供担保，阿克苏农商银行给我的贷款额度也从两年前的150万元提升到500万元，周转资金问题也解决了，我能更专心去开拓红枣市场了"。

4. "企业＋合作社＋农户""期货＋订单农业"，建立产业上下游利益联结机制

形成以红枣期货为工具，期货交割库和大型龙头企业为关键的风险管理闭环系统。首先，合作社通过为枣农提供"保险＋期货"业务服务获得了农户的信任，入社会员逐年增多，合作社与农户签订订单，保障枣农销售问题，同时满足合作社的采购需求；其次，合作社与交割库企业签订仓单购销合同，将枣农的"通货"按照期货标准进行加工整理，通过期货点价或基差交易的形式销售给大型企业或红枣交割库，在解决购销问题和价格问题的同时，提升了地方企业的加工量；最后，企业通过期货市场进行套期保值兑现利润，或者将红枣交割品以准仓单的形式卖给金融机构和期现公司，以期现业务形式提前兑现利润，进一步扩大贸易量，有效遏制住外地客商地头收购压级压价的行为，实现红枣坐等收购转变成为竞价收购的方式，使枣农在销售红枣时更加有底气，收入增长更稳定了。

全国人大代表、边疆红合作社负责人尤良英笑着说道，"我们合作社是红枣'保险＋期货'项目的受益者"。在红枣产业面临低谷的时候，"保险＋期货"项目让枣农又重新看到了曙光、看到了希望。据尤良英介绍，她所在的合作社早在红枣期货上市的当年就参加了"保险＋期货"试点项目。"当时，郑商所及期货公司在新疆推广红枣'保险＋期货'试点，我觉得这是个新鲜事物，可以尝试尝试，但当时很多农户不接受，觉得这是'天上掉馅饼'的事，不太可能。结果，在第一年农户不用交保费的情况下，参保的农户最后每亩平均获赔了167元"。

"项目结项时，我作为代表领取了赔付金，枣农们也各自收到了赔付，非常开心。拿到钱后的枣农，觉得对种红枣又有了新的希望，心里也吃下了'定心丸'。"尤良英告诉记者，之后枣农参加"保险＋期货"试点项目积极性显著提高。她们合作社参保农户数由2019年的75户增加至2021年的750户，参保面积由开始的3000亩增长至上年的1.8万亩。

5. "保险＋期货＋订单农业＋银行"，产业金融一体化，促进"三农"持续性健康发展

随着红枣订单种植模式的推进和宣传，加上银行"两免一优惠"小额农户贷款的发放，以及聚天红果业公司年初无息发放订金给枣农，极大地缓解了枣农年初种地时候的资金需求，"保险＋期货＋订单农业＋银行"模式得到了连队合作社及枣农的一致好评和认可，一方面有效提升了国企龙头企业的形象和口碑；另一方面随着种植收入的提高，枣农重新对红枣种植有了信心，砍树、弃荒等情况得到有效遏制。同时，该模式围绕农户开展一系列风险管理措施，实现各环节的风险闭环，使各方参与主体均能实现收益，促进红枣产业良性健康发展。

阿克苏农商银行
客户经理走访红福天
枣业有限公司，加强
贷后管理

（四）发挥交割库作用，实现期货和现货成交两旺

为促进阿拉尔红枣产业发展，客观反映红枣产业市场变化，进一步拓宽销售方式，提升销售价格，2019 年 11 月，第一师阿拉尔市政府与中国经济信息社合作，以聚天红公司为平台，正式发布新华（阿拉尔）红枣价格指数，同时为充分发挥示范带动作用，实现"公司＋合作社＋农户＋期货＋订单"利益联结机制，使枣农增收、公司增效，2021 年聚天红果业公司与 6 个农业种植合作社、420 户枣农签订红枣订单 2.39 万亩，发放订单订金 550.79 万元。聚天红红枣期货交割库运行三年来，累计注册标准仓单超 1300 张，交易市场年交易量增长至 5.2 万吨，非标仓单质押量增长至 2 万吨，有效实现期货和现货交割两旺。

三、成效反响

（一）实现经济效益与社会效益双赢

在师市财政的支持引导下，"两免一优惠"小额农户贷款实现大力发展，红枣"保险＋期货"模式得到有效推广，期货交割库取得期现交割两旺的成绩。阿拉尔红枣"保险＋期货"从一个点逐渐扩展到县域，承保总量、保障面积、保费规模一步步增加，同时依托交割库的期货服务功能，在龙头企业的带动下，从单一的价格模式逐渐演变为"企业＋合作社＋农户"与"保险＋期货＋订单农业"的利益联结机制，为各经营主体应对价格风险和稳定生产经营提供了新模式，稳定了农户种植的积极性，切实帮助农户实现增产、增收、增效，受到广大农户、合作社、合作企业以及金融机构的一致好评，有效助力师市红枣产业持续健康发展。

（二）实现数字经济与农业产业有机结合

新华（阿拉尔）红枣价格指数以促进阿拉尔红枣产业发展为目标指引，以大数据分析为技术手段，以价格指数发布为展现形态，客观反映红枣产业市场变化，量化红枣产业发展水平，目前已成为红枣农业主产区提升品牌影响力、促进农业产业改革发展的新型抓手，同时也为助力阿拉尔国家级现代农业产业园建设，将阿拉尔打造成全国红枣信息发布中心、贸易定价中心奠定了基础。

（三）阿拉尔数字普惠金融实践得到各方认可

2019 年，阿拉尔红枣"保险＋期货"项目获得郑商所"最佳优秀奖"，并被中国期货业协会评为"优秀服务实体经济的案例"，在全国范围进行推广讲解。2021 年 9 月 28 日，在阿拉尔举办的"2021 年期货服务乡村振兴"论坛暨红枣"保险＋期货"县域覆盖项目被中国证监会选为代表案例在行业内推广，进一步营造了金融积极服务乡村振兴发展的良好氛围。全国性期刊《农村情况》第 1314 期对 2019～2021 年开展的阿拉尔红枣"保险＋期货"项目进行了重点报道。

四、典型意义

（一）完善政策措施，利用金融创新拓宽产业发展路径

通过三年的实践，阿拉尔充分利用小额农户贷款、红枣"保险＋期

货"、期货交割库的政策优势，建立"保期＋期货＋订单农业＋融资"的产品模式，实现农户、合作社、龙头企业利益的最大化，同时有效汇集各方资源，保障农民利益、减轻财政负担，促进农业振兴、行业融合，为探索数字普惠金融在延伸供应链产业链中的重要作用提供可借鉴的经验。通过地方优势特色农产品与价格指数结合、价格指数与交割仓库结合，在助力特色农业经济发展，推动市场化、标准化、品牌化建设等方面也发挥着重要作用，有效提升特色产业在全国市场的影响力、知名度、话语权，有效促进农业生产向标准化发展、产业化转型升级，是大数据助推乡村振兴战略实施的有益尝试。

（二）建立长效机制，推进数字普惠金融发展解决方案

推动数字普惠金融发展，需要建立长效的体制机制。一方面需要从降低成本上想办法，通过数字普惠金融给客户提供最便捷的服务，以适当的成本和商业方式给农业产业链供应链上的有关各方提供资金；另一方面需要从产品模式上下功夫，解决传统普惠金融效率低、成本高、风控难的问题，引入行业龙头企业、仓储公司等利益共同体；同时与期货公司、保险公司合作，从而增强农业产业链中关于还款资金来源、信用征信、货物监管、风险规划等方面的管理，改善现有金融产品与服务的"质量"，真正使风险管理能够实现闭环运行，推动建立包括政策、制度、技术等在内的"一揽子"系统性的数字普惠金融解决方案。Ⓖ

普惠金融产品"吉安矩阵"
助力乡村产业振兴发展

江西省吉安市人民政府金融工作办公室

一、案例概况

2020 年 8 月,经国务院批复,中国人民银行等七部委出台《江西省赣州市、吉安市普惠金融改革试验区总体方案》,明确吉安市作为全国普惠金融改革试验区,要通过改革试验探索革命老区普惠金融发展之路,努力提升服务"三农"与小微企业的能力和水平,强化对乡村振兴和小微企业的金融支持。

为此,吉安市推动辖内金融机构下沉普惠金融服务网,鼓励各县(市、区)依托当地特色产业结合金融机构经营特点,开展"一县一品""一行一品"金融创新,从而构建普惠金融产品"吉安矩阵",推动乡村产业振兴发展,探索出一条金融巩固拓展脱贫攻坚成果同乡村振兴有效衔接的有效路径。

在此背景下,吉安市辖内各县(市、区)与各金融机构在金融产品创新、服务模式优化、体制机制改革方面踊跃争先,让吉安市普惠金融改革试验区涌现了一批包含"井冈山红培贷""宅基地抵押贷款""退役军人贷""政银企农四方联动"在内的创新金融产品与金融服务,丰富了普惠金融产品体系,为辖内特色农业产业发展提供了低成本、高效率的信贷资金支持。

二、主要做法

(一)井冈山创新"红培贷"助力红色旅游培训产业蓬勃发展

井冈山是中国首个农村革命根据地,更是"中国革命的摇篮"。2016年2月,习近平总书记第三次登上井冈山,在表达祝老区人民生活越来越好的殷切期望时,他指出,井冈山时期留给我们最为宝贵的财富,就是跨越时空的井冈山精神。多来这里看看很有必要,要让广大党员干部知道现在的幸福生活来之不易,多接受红色基因教育。[①] 为此,井冈山市创新"红色培训贷款"(以下简称红培贷),借助金融支持,探索出一条红色旅游助力乡村振兴发展的路径。

1. 政银合力布局,推动产业兴旺

井冈山市探索协同推进生态优先和绿色发展的新路,努力打造国家全域旅游示范区,不仅成为我国首个脱贫"摘帽"的贫困县,更成为全国旅游百强县、红色基因教育基地。在此基础上,井冈山市积极挖掘红色旅游产业,从社会、企业、个人三个层面着手,先后出台《井冈山市"诚信井冈"建设工作实施方案》《井冈山市农村信用体系建设实施方案》,建立金融旅游信息互通共商机制、金融生态环境建设机制,深入打造"诚信井冈",为金融产品创新提供良好的外部金融生态环境,出台旅游门票收益权质押贷款管理办法、再贷款管理实施细则,探索运用"再贷款+旅游"模式,引导井冈山农商银行创新推出"红培贷",助力井冈山红色旅游培训产业蓬勃发展。

---

① 井冈山精神跨越时空闪耀光芒 [DB/EL]. 2021 – 07 – 24, https://www.chinanews.com.cn/gn/2021/07 – 24/9527662.shtml.

2. 筛选优质机构，开展精准扶持

牵头组织井冈山农商银行、井冈山管理局红培办进行三方会谈，共享全市红培机构信息。通过机构信息比对、信用报告核查、经营情况调查，筛选确定首批 13 家红培机构为"红培贷"发放对象，并以此建立红培机构信贷名录。同时，督促井冈山农商银行制定出台了《红色培训贷款管理办法》，明确了贷款对象、用途、期限、额度、利率。

3. 优化贷款流程，强化风险把控

高度关注"红培贷"的信贷风险管控，指导井冈山农商银行在茨坪核心景区设立信贷服务专柜，现场对接，及时开展贷款调查，提高贷款发放效率。协调井冈山管理局红培办、门票处、红色培训协会等政府部门和行业组织，了解红培机构的商业信誉、社会负债、经营情况，对出现异常情况的，根据借贷合同及时停贷，并退出"红培贷"信贷名录，确保贷款"放得快、用得好、收得回"。

"红培贷"的推出，以低成本的信贷资金覆盖了井冈山红色教育培训机构的融资需求，从而促进当地红色产业蓬勃发展。2020 年以来，"红培贷"帮助井冈山旅游风景区内的 25 家红培机构获得信贷资金支持超过5000 万元，融资成本较其他行业降低 20% 以上。在信贷资金支持下，井冈山建成荷花乡大仓村、拿山镇沃田红军村等一批乡村红培基地，举办红色培训班 13020 期，培训学员 75.85 万人，实现培训收入 7.3 亿元、门票收入 2.71 亿元，带动和吸纳了近 8000 名农村居民就业创业，在"绿水青山就是金山银山"的发展理念下，借助金融支持巩固拓展脱贫攻坚成果，实现以产业振兴促乡村振兴。

（二）泰和县创新绿色信贷服务模式促进稻虾养殖产业升级

泰和县地处赣中南吉泰盆地腹地，辖内水资源丰富，丘陵、河谷平原面积占比达 84%，2022 年被农业农村部定为全国农民合作社质量提升整县推进试点单位。近年来，泰和县依托良好的生态资源和传统种植习惯，因地制宜发展"稻虾共作"生态综合种养，引导乡镇、村组建立稻虾种养示范基地，通过土地流转、吸收务工、入股分红、扶持自养等形式，带动群众持续稳定增收,实现脱贫致富,助力乡村振兴。

1. 政银企农四方联动,打造农业发展新模式

在开展"稻虾共作"生态种养初期,农户对稻虾知之甚少,不同程度存在怕养、怕投和缺资金、缺技术的心理,稻虾养殖作为当地的"一乡一品"的主导产业发展顿时遇到了难题。

为此,泰和县政府主动作为,创新建立政府、银行、企业、农户四方联动协调机制。其中,政府负责引入专业农业开发公司,利用农业开发公司养殖基地带动、辐射周边乡镇,鼓励镇、村干部带头种养,并办理相应农村土地流转手续,推动当地农户承包种养小龙虾;泰和农商银行主动作为,紧跟当地政府未来五年稻虾产业、优质稻产业发展规划脚步,针对螺溪镇农户承包稻虾种养基地过程中的资金困难情况,积极创新金融信贷服务手段;公司负责稻田挖沟、育苗等基本设施建设和技术指导,并负责融资、销售等工作,对种养农户做到兜底收购;农户负责承包种养,从而打造了螺溪镇"镇村流转土地、龙头企业承建、农户单元承包、银行贷款扶持、公司产业经营"的农业发展新模式。

2. 优化创新金融服务,提供农业产业链信贷支持

在当地政府部门引导下,泰和农商银行采取"党建引领乡村振兴"与"金融助力产业升级"的双发展战略,有效提升金融服务乡村振兴战略的能力和水平。泰和农商银行坚持党建引领,着力将党建各项工作融入支持乡村振兴发展中,探索政银共建、银企共建助力乡村振兴的新模式,将党建共建联建作为"交友名片",先后与县农业农村局、县市场监督管理局、螺溪镇等联建共建,推动全行基层网点党支部与全县各行政村、专业合作社等全面开展党建共建,向全县行政村组派驻"党建+金融"助理,以党建牵线搭桥,实现双方优势互补、发展共赢,真正使党建工作成为助力乡村振兴战略的"红色引擎"。

针对地方产业发展资金需求,泰和农商银行积极顺应农业产业多元化、农业经营规模化等现代农业新趋势,将"一行一品"与"一村一品"有机融合,创新出"龙头企业+基地+农户+信贷"的绿色信贷服务模式。以龙头企业为承贷主体,对龙头企业江西鑫润荣农业开发有限公司担

保授信 500 万元，对螺溪镇 12 个行政村集体提供授信 500 万元的"公司 +
农户"贷款支持，帮助养虾农户通过土地流转加入基地获得最高 30 万元
的担保授信额度。另外，还通过与县劳动就业局合作集中给 43 户农户发放
了 850 万元下岗再就业贷款，有效服务下岗再就业人群的产业发展需求，
促进农民增收、企业增效。在政府推动、金融支持下，泰和稻虾种养殖规
模达到了 8100 余亩，稻虾互养，使水田变成了一个生态循环系统。种植水
田每亩产小龙虾 400 斤，绿色稻谷 900 斤，"一季水稻、两茬龙虾"帮助
农户实现亩均纯收入 3000 ~ 5000 元，为当地解决 350 人就业问题，每年创
造 4800 万元收入，有效促进农民农村共同富裕。

泰和县政银农企四
方联动，打造农业发展
新模式

依托政银企农四方联动机制，泰和县将党建与普惠金融服务相结合，
创新绿色信贷服务模式，有效发挥了龙头企业的辐射带动作用，改变了传
统一家一户的分散式种养模式，形成特色农业发展格局，实现农业大县向
农业强县迈步。

（三）永丰县创新"退役军人贷"激活退役军人创业动能

党的十八大以来，习近平总书记高度重视退役军人工作，多次发表重要
讲话、作出重要指示，要求必须做好退役军人管理保障工作。2020 年江西省
退役军人事务系统开始推广"尊崇工作法"，吉安作为"红色摇篮"，军民

鱼水情深谊长,历来有拥军优属的良好传统。同年,受新冠肺炎疫情影响,许多退役军人创办的实体经济运行困难。在此背景下,永丰农商银行创新性地将退役军人特殊身份和贷款支持挂上了钩,给予退役军人大力信贷支持,在此大环境下顺势创新了"退役军人贷产品",有效解决了退役军人"担保难、融资难、融资贵"的难题,得到了各级政府与相关单位的大力支持。

永丰县"退役军人贷"激发军人创业动能

1. 聚焦热点,将"军人身份"变成"信贷资金"

永丰县搭建"政银军"服务平台,成立以县领导任组长,退役军人事务局、县人民银行、县金融办、县银保监组、县人社局等相关部门主要领导为成员的工作领导小组,在前期进行多方调研的基础上,将退役军人身份作为增信条件,创新推出"退役军人贷",主动对接退役军人创业就业、复工复产需求,为退役军人群体提供低成本、高额度的信贷资金支持。在当地政府与相关部门的支持下,永丰农商银行通过线上宣传、线下走访的方式,实现与退役军人群体百分之百对接。

2. "拥军拥属",金融"血脉"激活创业动能

"退役军人贷"一经推出便在退役军人群体中收获热烈反响,产品在永丰试运行三个月,为1000余户退役军人发放贷款1.6亿元,帮助15家受疫情影响拟裁员的小微企业渡过财务危机,稳定了退役军人创业环境与社会就业岗位。在军人退役创业期间,以用心用情的优质金融服务,使军人的尊崇身份得到体现。

永丰农商银行被授予关爱退役军人示范单位

三、成效反响

围绕全市"1461"重点产业和新兴产业，吉安市深化和加强小微企业及"三农"群体银行保险产品创新，构建普惠金融产品"吉安矩阵"，全市创新普惠金融产品数量 160 余款，其中全国首创 5 款、全省首创 12 款，吉安地区专属特色金融产品 12 款。针对特色产业创新"井冈红培贷""井冈蜜柚贷""狗牯脑茶叶贷"；针对特殊创业群体创新"退役军人贷""巾帼普惠贷"；针对新型农业经营主体创新"新农直通贷""百福农权贷"；针对体制机制改革创新"宅基地抵押贷款""应收账款资产池融资模式"；针对数字化金融服务创新出"动产数字贷""收支流水云贷"。试验区丰富的普惠金融产品体系，做到产品供给"总有一款适合您"。

在吉安市普惠金融改革"普"和"惠"双向发力与普惠金融产品、组织、服务和生态体系覆盖下，吉安全市金融基础服务实现行政村全覆盖，"三农"和小微企业、特殊群体等对金融服务获得感、满意度不断增强，融资成本得到有效降低。试验区建设两年以来（2020 年 8 月至 2022 年 12 月），吉安市金融机构存款余额 4304.80 亿元，增长 25.62%，高于全省平均 4.33 个百分点；全市贷款余额 3452.06 亿元，增长 37.95%，高于全省平均 7.32 个百分点；涉农贷款余额 1667.33 亿元，新增 377.77 亿元，增幅 29.29%；普惠小微贷款 724.48 亿元，新增 205.99 亿元，增幅 39.73%，其中信用类贷款占比超过 30%；法人银行普惠小微贷款利率 6.24%，较改革前下降 0.7 个百分点。

四、典型意义

为做好金融支持乡村振兴工作，吉安将普惠金融改革与乡村振兴工作相结合，下沉普惠金融服务网，加强农村金融知识教育，构建普惠金融产品"矩阵"。在以普惠金融产品"吉安矩阵"助力乡村产业振兴发展方面，吉安主要从下沉普惠金融服务，结合当地产业与金融机构合作开展"一县一品"特色金融产品创新，开展体制机制改革等多个方面入手。

一是积极推动金融服务下沉。吉安市积极推动机构下延、服务下沉、人员下派，实施普惠金融服务站规范提升工程，全省率先在农村（社区）设立了一批"党建＋普惠金融""爱心创业＋普惠金融""红色旅游＋普惠金融"等形式多样的普惠金融服务站 1000 余个。探索"第一书记"与金融助理融合发展机制，选派驻村（社区）金融助理 1000 余名。在行政村累计布设"裕农通"金融服务点 2675 个、助农取款点 2500 余个、保险"三农"服务站近 300 个，全市实现基础金融服务行政村全覆盖。通过打造坚实的普惠金融服务网，了解各地区农业产业发展金融需求，帮助金融政策、产品、服务快速传递到辖内每个需要金融服务的角落。

新干县打造省级金融教育示范基地与高标准普惠金融服务站

二是政府高度重视开展体制机制创新。金融支持乡村振兴发展涉及各部门、多行业，需要由当地政府牵头，各部门形成合力。在金融产品创新与推广的过程中，地方政府高度重视，成立工作专班，引导各部门为金融机构提供方向引导、力量支持。例如，"宅基地抵押贷款"就是在永丰县相关部门完善农村宅基地的登记流转机制上实现；"红培贷"也是在井冈山深入打造"诚信井冈"品牌，出台旅游门票收益权质押贷款管理办法、再贷款管理实施细则后应运而生。

三是结合产业特色打造专属信贷产品。产业振兴是乡村振兴的核心，吉安结合当地产业与金融机构合作开展"一县一品"特色金融产品创新，例如，针对红色旅游培训市场开发"红培贷"，针对生猪养殖与价格波动风险开发"生猪保险＋期货"，针对新型农业经营主体产业发展模式创新"龙头企业＋基地＋农户＋信贷"的绿色信贷服务模式，让辖内农业产业发展均"有品可选"，既发挥金融力量对各特色行业提供了资金支持、风险分担，同时也打响特色产业的"吉安品牌"。Ｇ

适应新常态　把握新机遇
开拓普惠金融　助力乡村振兴新局面

河南省兰考县金融工作局

一、案例概况

一直以来，金融服务难以突破县域农村"最后一公里"而触达涉农小微企业、农民等弱势群体是普惠金融发展面临的主要困境，农村地区金融服务不足、农民贷款难、数字金融水平低等问题严重制约了农村地区经济社会发展。

为找寻破解普惠金融困境的有效途径，兰考县以获批全国第一个国家级普惠金融改革试验区为契机，从群众反映最强烈的金融服务"痛点""顽疾"入手，坚持政策引导与市场机制相协调，传统金融与数字金融共同发力，探索形成了以数字普惠金融综合服务平台为核心，以金融服务体系、普惠授信体系、信用信息体系、风险防控体系为主要内容的"一平台四体系"普惠金融兰考模式，找到了一条破解农村基本金融服务缺失、农民贷款难的有效路径。兰考县金融服务覆盖面、可得性、满意度持续改善，群众对普惠金融的获得感显著增强。金融服务在便捷、普惠、有效地送达群众的过程中，实现了与农村产业、乡村治理的深度融合，有力地助推了兰考县率先脱贫与乡村振兴，成为兰考全面小康、农业农村高质量发展的重要支撑。

二、主要做法

（一）建立健全机制，强化普惠金融组织领导

一是组建领导机构。成立以县委书记为组长的普惠金融工作领导小组，研究谋划普惠金融重点事项；组建以常务副县长为主任的普惠金融改革试验区管委会，负责具体工作推进。相关部门和金融机构共同参与，形成"顶层有谋划，落实有队伍，协同有保障"的工作格局。二是加强协调联动。财政部门出资设立风险补偿金，税务部门对银行发放的普惠型贷款落实税费减免政策，人民银行加强货币政策工具引导，银保监会对试验区金融机构实行差异化监管，金融机构积极创新金融产品、优化金融服务。建立"主办银行、工作督导、统计监测、定期例会"等工作制度，形成长效落地机制，规范化推动工作。三是加强跟踪督导。切实发挥建设主体作用，将普惠金融工作纳入对各乡镇、各金融机构的年度目标考核，建立工作台账，细化分解任务，明确责任落实，持续跟踪问效，确保工作做实做细。

河南省人民政府金融服务办公室和中国人民银行郑州中心支行
在兰考召开普惠金融改革试验区推进会

（二）推动理念创新，深化普惠金融发展模式

1. 构建综合服务平台，打造便捷金融服务

针对以物理网点、人工服务为主的传统金融开展普惠金融存在的成本高、效率低、风控难问题，打造集产品推介、生活缴费、普惠授信等功能为一体的线上金融超市，实现金融服务"触手可及"，兰考县域 9 家银行上线 50 余款产品，促进农村金融服务由"单一"向"多元"、由"封闭"向"开放"转变。同时开发普惠金融三级服务管理系统，通过线上技术将农户、县乡村三级服务体系、银行等普惠金融参与方紧密联系起来，推动县域普惠金融服务线上化。以普惠金融三级服务管理系统数据为支撑，整合全县金融指标数据、普惠金融服务站信息、信用信息、风险防控等数据，打造以兰考县普惠金融改革试验区"一平台四体系"工作内容为核心，以可视化模型为主要形式的动态监测平台。

463 个村级普惠金融服务站已成为推送普惠金融服务的"桥头堡"

2. 建立金融服务体系，助力乡村"治理有效"

将普惠金融纳入政府公共服务，建立县、乡、村三级联动普惠金融服务体系，构建"基层党建＋普惠金融"服务平台，弥补农村地区银行网点少、覆盖率不足的问题。在县级，建设数字普惠金融小镇，集聚数字普惠金融业态，实现金融服务"一站式"办理。在16个乡镇（街道），将普惠金融服务中心入驻便民服务大厅，发挥承上启下关键作用。在463个行政村，依托党群服务中心建设"4＋X"功能（即：基础金融服务、信用信息采集更新、贷款推荐和贷后协助管理、政策宣传和金融消费权益保护，"X"是指各主办银行提供的特色金融服务）普惠金融服务站，由497名协管员开展日常工作，延伸金融服务半径。服务站实行主办银行制度，负责提升服务站硬件设施、开展业务培训，配套出台服务站工作制度，规范服务站运营，激发协管员工作积极性。463个村级普惠金融服务站成为推送普惠金融服务的"桥头堡"，让农户切实体会到普惠金融政策带来的实惠，普惠金融"驻"进了百姓心里，"联"紧了党群血脉，助力了乡村"治理有效"。

兰考县多次举办乡村协管员普惠金融培训会

3. 搭建普惠授信体系，助力"产业兴旺"

围绕"龙头企业做两端，农民兄弟干中间，普惠金融惠全链"的工作思路，强化银行信贷资金与产业的对接，支持乡村产业发展。针对农户信用记录空白、农村地区缺少信用信息导致的信贷难题，兰考改变思路，采用逆向思维，变"信用＋信贷"为"信贷＋信用"，创新推出普惠授信小额信贷产品，只要农户符合"两无一有"（无违法犯罪记录和不良嗜好、无不良信用记录、有产业发展意愿）即可获得"额度 3 万～10 万元""年利率不高于 6.75%""一次授信、三年有效、随借随还、周转使用"的普惠授信贷款，已发放 6.2 万笔 27.4 亿元，被全省复制推广。通过创新普惠授信，推广"信贷＋信用"，有效搭建了农户与银行间信用关系，银行信贷服务不断丰富。对带贫企业推出"三位一体"贷款，发放 1132 笔 6.1 亿元，被全国复制推广；针对创业主体发放创业担保贷款 4693 笔 6.27 亿元；结合畜牧行业协会，向 547 家畜牧业养殖主体发放"畜牧担"贷款 6383 万元；推出"新型农业经营主体贷"，发放 2302 笔 8.2 亿元；引入农业信贷担保助推农业高质量发展，充分发挥省农担担保公司政策性功能作用，推动县域金融机构与省农信担保公司合作，发放农担贷款 4478 笔 10.3 亿元。

4. 强化信用建设体系，助力"乡风文明"

注重信用信贷互促相长，开展信用信贷相长行动，构建守信激励机制，对按时还本付息农户适度提升信贷额度、降低贷款利率，实现信用与信贷互促相长的良性循环，激励农户守信用信积极性。开展"社会治理＋金融服务"信贷模式，综合运用政府部门、社会团体等社会评优评先成果，开发信贷产品（如白衣天使贷、劳模贷、巾帼贷等），提高荣誉获得者的授信额度，提升荣誉吸引力和含"金"量，引导群众树立积极向上价值取向。随着各项激励措施落地，农户信用意识逐步增强，形成了人人讲信用的良好社会风气，提升了乡村文明水平，形成良好社会风气与金融生态相互促进的良性循环。

5. 筑牢风险防控体系，维护金融生态

设立 7575 万元信贷风险补偿金、3000 万元还贷周转金，建立资金补充机制。建立普惠授信"银政保担"风险分段分担机制，政府风险补偿金承担比例随着不良率上升而递增，银行分担比例随不良率上升而递减，压实地方政府优化信用环境责任，解除银行后顾之忧。创设普惠授信不良贷款隔离点，对不良率超过一定比例的乡村暂停新增授信。充分发挥村两委、协管员对村民日常活动和信用状况较为了解的优势，开展贷款审核、项目走访、还款提醒、不良催收，形成"贷中贷后有管理、信贷风险有预警"的长效机制。出台《金融领域失信惩戒办法》，将失信者列入被执行人"黑名单"，予以公布"曝光"，并限制其参与评选社会荣誉资格，提升农户失信成本。成立公安、法院、金融等多部门参与的联合追偿小组，建立不良贷款联合追偿机制，维护县域金融生态。

（三）拓展数字服务，强化普惠金融数字赋能

兰考县牢牢把握数字普惠金融发展机遇，推进金融服务与数字信息、金融科技深度融合。

1. 强化大数据运用

充分挖掘县域大数据信息金融领域应用价值，提升县域信贷服务数字化水平。一是打造小微企业线上融资服务平台。对接省金融服务共享平台打造兰考县金融服务共享子平台，充分利用30家入驻平台金融机构发布的152款金融产品，引导县域中小微企业结合实际线上发布需求、对接申请，通过平台实现放款893笔9.3亿元。二是开发推广数字信贷产品。与网商银行合作，结合县域农户部分数据信息和网商银行积累信用数据，建立风控模式，打造网商银行兰考县域专用授信数据库，开发线上产品"兰考普惠"数字农贷，已放款83.8亿元，惠及农户7.5万人。"兰考普惠"数字农贷的成功推广，有力激发了各金融机构开发数字信贷积极性。例如，农商银行与政务数据相结合，开发纯线上产品"兰惠快贷"，已为3.4万人提供21.5亿元授信，发放贷款13961笔11亿元。各银行依托税务数据，推广"银税互动"信贷产品，为县域小微企业发展提供了有力支撑。此外，建行快贷、云电贷、云薪贷，农行惠农e贷、微捷贷，中行中银E贷，工行"小企业网络循环贷"，邮储小微易贷、极速贷，中原银行豫农

贷等线上金融产品不断涌现，有力提升了县域数字普惠金融实践成效。

2. 健全基层数字设施条件

打造数字普惠金融小镇，在小镇建设 5G 网络覆盖示范点，构建数字化服务场景，打造数字金融服务体验中心，实现金融服务"一站式"办理，提升县级普惠金融服务中心服务水平。为全县所有 463 个村级普惠金融服务站铺设无线网络，提升村级网络基础设施。打造数字普惠金融服务站，提升农村金融服务数字化水平。同时，组织数字金融专项宣传，深入乡村指导农户熟悉数字金融服务，提升农民数字金融素养。

3. 发展移动支付

推动"智慧公交"项目，兰考县成为省内首个同时实现公交车聚合银联云闪付支付、金融 IC 卡支付、支付宝和微信扫码支付 4 种支付功能的县城。打造"一街三点"数字支付示范格局，带动群众尤其是农村中老年群体运用手机银行、网银、云闪付、支付宝、微信等移动支付手段，培养群众数字化生活习惯。

（四）搭建要素平台，强化普惠金融落地保障

1. 强化人力保障

结合组织部，选派金融机构业务骨干到各乡镇挂职金融副乡长，开展业务指导，提升基层专业能力，乡级服务中心配备 1 名金融专干和 1 名大厅工作人员，专项开展金融工作。村级服务站依托 497 名村级服务站协管员开展具体运营，同时发动驻村工作队员和包村干部作为普惠金融工作的先锋队、推动者和宣传队，深入田间地头，宣传金融政策，帮助群众发展。

2. 健全政策体系

紧扣《河南省兰考县普惠金融改革试验区总体方案》，先后出台"落实方案、信用建设、风险防控、财税奖补、宣传教育、失信惩戒"等多方面专项方案和管理办法，为普惠金融发展营造良好的政策环境。出台全国首个《普惠金融促进管理办法》，建立普惠金融长效落地机制。

3. 搭建要素平台

在县人民银行成立信用信息中心，建立跨部门工作机制，依托"河南省农户和中小企业信用信息系统"，采集农户信息涵盖 168 项指标、中小微企业信息涵盖 447 项指标，并开发信用评级功能，供金融机构查询。开展"三信"评定，评定信用户 13.98 万户、信用村 318 个。设立农村交易平台，集信息发布、价格评估、组织交易、风险管理等功能，支持土地流转、农民财产权抵押贷款。截至 2022 年，已发放农房、农地产权抵押贷款992 笔 1.4 亿元。设立全国首个县级再贷款再贴现窗口，探索再贷款"先贷后借"模式，鼓励普惠贷款投放，累计办理再贷款 16.05 亿元、再贴现9.64 亿元。建成全国首个公共金融服务大厅，主动下沉公共金融服务。

4. 强化能力建设

与中国普惠金融研究院合作，举办普惠金融研修班，提升干部金融业务能力。持续开展普惠金融知识讲堂、"金融夜校"等培训活动，提升乡村工作人员业务能力。组织金融机构到村内开展农村"党建 + 金融"课堂普及金融知识，提升群众金融意识。组织金融知识宣传周、金融知识进校园、走进农民工系列活动，广泛培育群众金融素养，提升群众懂金融用金融的意识和能力，为金融业态健康发展营造良好氛围。

三、成效反响

兰考县普惠金融"一平台四体系"模式形成以来，"政府引导、市场主导、广泛参与、合作共赢"的普惠金融推进机制日益完善，农村地区金融服务不足、农民贷款难、数字金融水平低等问题得到较好的解决，农村基层金融服务持续增强。2022 年 8 月底，兰考县金融机构各项存款余额394.3 亿元，同比增长 12.98%；各项贷款余额 343.28 亿元，同比增长24.04%，存贷比达到 87.06%。全县涉农贷款余额 245.49 亿元，同比增长 22.95%，小微企业贷款余额 95.23 亿元，同比增长 34.46%。主要金融指标增速明显优于全省平均水平，兰考县普惠金融指数连续 14 个季度居全省各县（市）首位。

2018 年，"推广兰考县普惠金融改革试验区经验"纳入河南省委一号文件《关于推进乡村振兴战略的实施意见》。2019 年，普惠金融兰考模式入选中组部编写的《贯彻落实习近平新时代中国特色社会主义思想在改革发展稳定中攻坚克难案例》和中央党校教学案例，并由银保监会普惠金融事业部发文推广。2020 年，普惠金融兰考模式入选河南经济体制改革十大案例；同年底，中国社会科学院农村发展研究所课题组发布的《中国县域数字普惠金融发展指数研究报告 2020》中，兰考县入榜全国县域数字普惠金融百强县和县域数字普惠金融发展动能百强县，并在县域数字普惠金融发展动能百强县中全国排名第一位。2021 年，"一平台四体系"普惠金融兰考模式入选党的十八届三中全会以来河南省 100 项优秀改革成果。2021 年 12 月，中国人民大学普惠金融研究院带领省、市相关部门领导对兰考县普惠金融改革试验区进行现场终期评估验收，兰考普惠金融改革模式及在河南省推广成效获得评估专家一致肯定。

四、典型意义

"一平台四体系"普惠金融兰考模式坚持政策引导与市场机制相协调，传统金融与数字金融共同发力，较好地解决了县域农民贷款难、信息采集难、风险防控难等问题，切实改善了兰考农村金融服务的覆盖面、可得性和满意度。兰考县有针对性地破解普惠金融所面临的困境，通过运用金融力量助推脱贫攻坚、乡村振兴和县域发展，探索可持续、可复制推广的普惠金融发展之路，既是兰考经济社会发展的需要，也可为其他地区提供有价值的经验借鉴。🅖

金融"活水"精准滴灌赣南脐橙
——建设银行赣州市分行"赣南脐橙贷"案例

一、案例概况

为深入贯彻落实党中央、国务院关于大力发展普惠金融和实施乡村振兴战略的重大部署，探索金融支持赣南苏区发展新思路、新办法、新途径，深化县域农户金融服务，中国建设银行（以下简称建行）赣州市分行多次对市场情况及客户需求进行调研，发现赣南特色产业之———脐橙产业及其产业链客户有较强的资金需求，特别是没有营业执照的果农因为融资渠道少需求更加强烈。脐橙产业有 3 年左右的种植投产期，且受蝗虫病害、倒春寒等自然灾害因素影响严重，因此果农急需资金解决脐橙种植问题。针对以上情况，建行赣州市分行多次邀请上级行领导及专家与赣州市政府和果业局等探讨协商解决脐橙果农融资问题。经过多次沟通论证，该行结合金融科技工具，与赣州市果业局合作共建了裕农通"橙心橙意"综合服务平台，推出"赣南脐橙贷"（个人版）贷款业务，为有效破解赣南脐橙产业高质量可持续发展难题提供了创新产品及工具。

二、主要做法

（一）银政合作，开创赣南脐橙产业客户融资新模式

　　赣南脐橙是赣南苏区老百姓辛勤耕耘打下的一块金字招牌，已发展成为赣南地区脱贫致富的第一支柱产业。为支持脐橙产业发展，2021 年 5 月建行与赣州市果业局深度合作，依托果业局数据库，利用建行金融科技工具，实现系统连通对接，创新了赣南脐橙产业专属"互联网＋涉农大数据"信贷模式——赣南脐橙贷。根据果业局的果农种植面积、年限及产量等具体数据，通过系统模型精准测算，为果农直接测算出可贷信用额度。果农通过该行的"裕农通"App 等可以实现一键式贷款操作，实现贷款秒申秒贷，实实在在帮助果农解决资金问题，奋力在苏区大地上谱写乡村振兴新篇章。

果农通过建行"裕农通"App 等可以实现一键式贷款操作

（二）建行"张富清工作队"，精准服务脐橙产业链客户

为加快金融支持赣南脐橙产业客户，方便果农获得贷款，建行在其"裕农通"App上开通了赣南脐橙贷申请入口，果农登录"裕农通"App，进入"橙心橙意"平台，点击"我要贷款"，即可一键式完成贷款申请和支用操作，实现贷款立即到账。为让更多果农了解该便捷贷款及简单操作，建行组建了党员同志带头的"张富清工作队"，学习张富清精神，不畏艰险，深入基层，积极为果农提供送贷上门。"张富清工作队"通过走访乡镇、脐橙产业协会、脐橙果园、"裕农通"服务点等开展针对性讲解和一对一辅导等方式，为广大果农送去了精准金融支持服务，同时通过果农的口碑传导方式，进一步推进了建行"脐橙贷"支持果农，助力脐橙产业发展壮大。

老张是赣州兴国县崇贤乡的"裕农通"业主，也是远近闻名的"脐橙大王"，2019年他的脐橙产量达到20万公斤。通过"裕农通"业务合作的不断深入，老张和建行结下不解之缘。近年来脐橙市场交易持续火热，赣南脐橙品牌驰名中外，老张一直想在现有基础上再对果园进行扩产，可苦于资金问题，一直踌躇不前。2021年这个问题终于得到了解决，建行创新推出"脐橙贷"产品，首批试点县就选在将军县——兴国县，老张是首批报名的"裕农通"业主，线上申请"橙心橙意"贷，秒批秒贷，他高兴地说道："建设银行是真正帮咱老百姓解决了大问题。"

（三）"橙心橙意"，打造脐橙产业链综合服务平台

果农个人融资难是脐橙产业发展的难题之一，但并非唯一难点，受经济发展和市场行情变化因素影响，产销问题同样是脐橙产业发展的重点问题。为解决脐橙产业发展中的难点与痛点，实现"产、贷、销"一体化通道，该行联合果业局打造了"橙心橙意"平台，在该行的"裕农通"App上开创了"橙心橙意"综合服务平台，上线了"我要贷款""品质溯源""我要卖橙""我要买橙"四个功能板块，让果农在获得精准贷款支持的同时，利用该行的服务平台推荐产品，提出需求，实现供销匹配，助推脐橙更快更好地销售。

"前期我承包了400多亩的脐橙基地，种植了上万株脐橙，前期花了很多钱，有了这笔资金后能有效缓解企业的资金压力，让我们把更多的精力投入到生产销售上，我对赣南脐橙未来的发展充满了信心。"这段话出自老红军后代陈总口中，他是赣州兴国县永丰乡的"裕农通"业主，也是兴国县一家农业公司的负责人，是当地脐橙产业的创业致富带头人，早年间他回乡创业，一头扑在了红土地上，选苗育种，辛勤劳作，带领乡亲们脱贫致富，一干就是十个年头，入春以来由于春寒问题，脐橙产量出现了减产，可急坏了陈总，了解到情况后，建行兴国支行主动上门对接，给他办理了"赣南脐橙贷"，有效缓解了企业的资金压力，让他能一心一意投身企业发展上。通过该行"我要卖橙"平台，上线建行"裕农优品"平台直播带货助力脐橙网络直销，结合建行配套的多种活动，让陈总的脐橙销量大幅度提升，解决了创收问题。他还主动联合该行在当地开办"裕农学堂"，宣传防虫防害知识和"橙心橙意"平台，帮助乡里老百姓了解脐橙种植的最新技术，带领乡亲们共同创业致富。

三、成效反响

（一）精准金融支持脐橙果农，解决果农融资问题

建行赣州市分行与赣州市果业局共建推出的"橙心橙意"综合服务平台，创新推出的"脐橙贷"产品，用金融"活水"精准滴灌了赣南脐橙，助力乡村振兴。该服务平台以农户为主要服务群体，为包括脐橙种植农户在内的脐橙产业链提供贷款、溯源、电商等服务。脐橙种植户通过建行"裕农通"App等电子渠道即可完成"赣南脐橙贷"申请、支用、还款等各环节，实现贷款一键式操作，流程简便、额度循环、随借随还。截至2022年12月末，建行赣州市分行"赣南脐橙贷"的授信总额为7.5亿元，贷款户数共计3188户，贷款余额为3.0亿元。

（二）联动服务脐橙产业链客户，实现脐橙产业总体向前发展

通过公私条线联动服务、线上线下同时发力，该行还支持了一批赣南

脐橙产业龙头企业，推动赣南脐橙产业链客户实现更好的发展。截至 2022 年 12 月底，该行通过"赣南脐橙贷"带动脐橙产业链对公客户授信金额 7.0 亿元、授信客户 265 户，贷款余额 4.3 亿元、贷款客户 316 户。累计新开立赣南脐橙产业链对公账户 126 户，新开立脐橙种植农户个人账户 1396 户，联动做好企业主及农户个人结算、存款及理财业务。

"赣南脐橙贷"将为脐橙产业高质量发展提供很重要的一个支撑，该行接下来还要通过"赣南脐橙贷"来推动优质产品供应链的打造。例如，对能够提供更多优质产品的农户，授信额度将更大，利率将更优惠，以此来推动农户高品质栽培，推动优质优价，打造世界著名的脐橙主产区。

（三）"橙心橙意 + 裕农通"，开创服务新模式

该行通过"橙心橙意"平台为脐橙果农开通了贷款等便捷通道，为提高金融服务效率，实现金融服务一体化，该行利用"橙心橙意 + 裕农通"模式相结合，利用"裕农通"服务点为广大果农及农户发放"裕农通卡"，开展便民移动金融服务，实现农户存取款、转账、缴费、消费、销售、贷款等一体化的综合服务，提升农户的金融服务体验。通过下乡与"裕农通"服务点开展协同服务工作，该行累计发放"裕农通卡"26187 张，办理农户签约 25030 户，2022 年新增缴费笔数 41290 笔。

（四）建行新金融行动，助力地方经济更好更快地发展

通过"橙心橙意"平台，赣州市政府对该行的金融科技力量和金融服务水平给予了肯定，江西省委副书记、赣州市委书记和赣州市政府分管市长高度重视、充分肯定该行的工作，表扬该行具有家国情怀和大行担当。"望得见山、看得见水、记得住乡愁"、"橙心橙意"平台和"赣南脐橙贷"的实践推广正是建行以新金融行动助力乡村振兴的一个缩影。

不仅如此，新金融行动助力乡村振兴还收获了良好的服务口碑，溢出效应显著。信丰县大阿镇果农廖德金在申请贷款后，动情地说："'赣南脐橙贷'使用灵活，极大地帮助了果农应对冻后生产问题，降低了脐橙果园的日常维护投入负担。"全南县贫困户钟泽镜感谢道："在建设银行的帮助下，我

又扩大了 10 亩种植面积。""赣南脐橙贷"已经成为建行总行的贷款品牌。

金融"活水"滴灌赣南脐橙，助力乡村振兴，奋力在苏区大地上谱写乡村振兴新篇章。作为国有大行，建行赣州分行积极落实普惠金融改革试验区的有关要求，充分发挥金融科技力量，在乡村振兴及金融发展中敢于担当模范作用，像英雄模范那样奋斗，共同谱写新时代中华人民共和国的壮丽凯歌！

建设银行联手地方政府果业部门联手推进"橙心橙意"平台助农

四、典型意义

赣州建行创新打造的"赣南脐橙贷"模式，充分运用金融科技力量，结合当地特色产业和金融需求，直接撬动了上亿元金融资本投入乡村振兴产业领域，更是为全国农担体系的发展提供了可复制、可推广的有益经验。具体体现在以下几个方面。

（一）金融科技力量，为市场提供源源不断的金融"活水"

大数据时代，要善于运用金融科技力量，结合当地特色和金融需求，创新金融服务产品及方式。目前，客户的需求呈现多样化发展，银行的产品呈现同质化趋势，为加快支持经济实体发展，满足实体经济主体客户的融资需求，该行利用自身的金融科技优势，不断更新数据、不断优化模

型、不断调研市场、不断创新产品，为客户提供多样化、多元化、多渠道的金融服务。该行将根据"赣南脐橙贷"设计理念，创新更多普惠产品，为更多客户提供信贷支持，为市场提供源源不断的金融"活水"。

利用金融科技力量为客户服务是建行践行新金融行动的理念

（二）积极推动金融服务下沉，着力打造裕农服务站

赣州市建行积极推动机构下延、服务下沉、人员下派，实施普惠金融服务站规范提升，在全市农村覆盖了"裕农通"金融服务站，实现了全市金融服务行政村全覆盖，通过积极打造坚实的普惠金融服务网，了解各地区农业产业发展金融需求，帮助金融政策、产品、服务快速传递给辖内的每个角落，真正实现金融助农、惠农的普惠目的。

（三）精准服务地方特色产业，助力乡村振兴发展

民族要复兴，乡村必振兴。该行将以"橙心橙意"平台和"赣南脐橙贷"为新的起点，坚决贯彻建行总行"坚持把客户做小，把服务做精，把总量做大"的指示要求，持续深化"我为群众办实事"实践活动，切实做好巩固脱贫攻坚成果和乡村振兴的有效衔接，高标准、高质量、高效率谋划乡村振兴金融工作，结合赣州市富硒蔬菜、油茶等特色农业产业，坚定不移推进新金融行动，支持地方特色产业发展，围绕"一村一品、一镇一特、一县一业"，以点带面，全力打造建行服务乡村振兴新名片，为实现苏区乡村振兴发展履行大行责任，为深化县域普惠金融改革提供强有力支撑。🅖

第二部分

地方政府

乐亭县建设农业大数据平台 构建乡村普惠金融发展新格局

河北省乐亭县人民政府办公室　艾金星　俎媛媛　阴泽明

一、案例概况

河北省乐亭县，李大钊故里，全县陆域面积 1017.6951 平方千米，现辖 11 镇、2 乡和 1 个街道，473 个行政村，耕地面积 79.86 万亩，人口 38.9 万。乐亭县历史悠久、文化灿烂，在 800 多年历史沿革中，乐亭大鼓、皮影、评剧"冀东文艺三枝花"均发源于此；乐亭雅重教育，乐亭籍"两院"院士有 10 人、授衔将军达 30 多人；乐亭区位优越，处在渤海湾和京津冀都市圈的重要地带，内有京唐港，毗邻曹妃甸，海岸线达 124.9 千米。乐亭临渤海、傍滦河，地势平坦，土地肥沃，渔业资源丰富，农业基础雄厚，是传统的农业大县，素有"燕东天府""冀东粮仓"之称，经过多年发展，乐亭县农业产业发展取得了长足进步。在金融支持方面发展现代农业，乐亭县立足农业产业化和经济发展现状，结合国内"农业大数据 + 普惠金融"发展模式的成功经验，按照"产业兴旺、生态宜居、乡风文明、治理有效、生活富裕"的总要求，坚持"创新引领、融合发展、应用牵引、数据赋能、公平竞争、安全有序，系统推进、协同高效"的原则，创新金融业务、金融服务，充分发挥了"大数据 + 普惠金融"在农业政务、生产、经营、管理和服务等方面的创新作用。

乐亭县数字乡村发展采用"农业农村大数据 + 普惠金融"模式。采取

"1 + 3 + N + 1"建设大数据体系：搭建一个数字乡村大数据平台，实现农业农村大数据可视化，为推动全县农业农村生产、经营、管理、信息服务在线化和数据化提供有力支持；建立数字县、乡（镇）、村三级运营服务体系，开展三级联动进行"四大服务、六大业务、十二条航线"的业务拓展和服务，建设数字乡村"宝盒"和数字农业"宝盒"，创新乐亭县数字乡村管理服务体系；搭建 N 个"三农"应用系统，建设一个数字乡村培训体系。在农业农村大数据的基础上精准对接金融服务，推动乡村数字普惠金融发展，推进数字普惠金融与乡村治理融合，充分提高普惠金融服务乡村振兴的有效性，助力乐亭县乡村振兴发展。

二、主要做法

（一）强基工程：着力夯实农业大数据平台

乐亭县数字乡村大数据平台及 N 个"三农"应用系统发展网络体系采取政企合作的模式，按照政府主导、市场为主体的建设原则，充分发挥政府在整合资源、提供公共服务方面的优势，利用社会化企业在专业技术、人才等方面具备的条件，以强化农业政务管理、行业运行监测、信息综合服务和农业电子商务经营为重点，推进农业信息化基础设施和应用系统建设。

2021 年乐亭数字乡村项目启动仪式

编制农业数据采集、存储、传输、共享、应用规范和标准，构建"互联网＋乡村振兴"推广管理服务体系，进一步加强和创新农村社会治理。

乐亭县通过组建河北数字宝盒农业科技有限公司，与多家金融机构合作，探索出了一条"农业农村大数据＋金融"的发展之路，创造了数字惠农的模式，真正让数据"活"了起来，充分体现了大数据的金融价值。农村居民信息、耕地、宅基地、种植养殖、农机具等各类信息，全部汇入农业农村大数据平台，为土地流转、抵押贷款提供最基本的信息支撑。乐亭县供销联社建立了农村产权交易平台，可实现耕地、宅基地流转，抵押担保贷款，已为267户农民办理土地流转6800余亩，提供担保贷款3600余万元。

依托农业大数据平台，乐亭县进一步加快构建了多层次、广覆盖、可持续的农村金融服务体系，通过大力发展农村普惠金融，降低融资成本，全面激活农村金融服务链条，鼓励国有和股份制金融机构拓展"三农"业务，开展农村金融综合改革试验等措施，让普惠金融遍及每村、每户。引入"农村代理商银行"模式，推进金融机构与农村电商相结合共同搭建"金融服务站"平台，为村民提供各种金融服务，实现了农民基础金融服务足不出村，延伸了金融服务的"触角"，解决了农村金融只被"吸血"而得不到有效"供血"问题。

（二）厚积薄发：不断提升普惠金融服务质效

普惠金融创新服务乡村振兴，不仅要让劳动力回归农村，更要让各种生产要素包括金融资源回到农村。乐亭县的方案主要体现在"普惠金融助力公益便民航线＋金融保险航线＋新农商城＋双创就业航线＋直播带货＋生态生活航线＋神州居易航线＋呱呱农服航线＋智慧'三农'航线＋健康医疗航线＋云仓物流航线＋文旅教育航线"十二道航线业务开展方面。

金融保险航线：是贯通十二条航线的基础，让村口银行遍布农村，让服务来到农民身边。让农民足不出村既可享受金融服务又可享受保险服务。设立乡村振兴金融服务点，为农民、小微农业企业提供方便、快捷的金融服务，真正实现"基础金融不出村、综合金融不出镇"的定位。

公益便民航线：利用"益农管家"金融服务平台，实现"一卡通"缴费优惠业务，即水、电、话、燃气、话费充值等生活缴费一卡办理，实现团购折扣，为农民提供更加便捷优惠的金融服务。

新农商城：通过 App 及相关团购信息推行适合农村的农产品、工业品进行集单、拼购，让村民花钱降级、消费升级，让村民得到实惠。

双创就业航线：数字金融的普惠性、共享性能更好地满足乡镇小微企业分散化和小额的资金需求，实现服务对象的下沉和多元化。双创就业航线面对的对象主要是农户、返乡创业大学生、小微企业等，并提供支付、借贷、保险等多种金融服务，力求实现让农民进城有工打，回乡创业有资金、有渠道、有平台、有体系、有孵化、有培训。

直播带货：实施普惠金融促使一些银行特别是大型银行在农村地区设置网点，为广大农村地区提供相应的金融服务和金融产品，满足广大农民多样化的金融需求，助力规模经营，提升品质水平，为"直播带货"这一新兴销售模式奠定基础，促进农产品和特色产品销售，拓宽销售渠道。

文旅教育航线：引导金融机构对符合条件、预期发展前景较好的乡村旅游经营单位等重点旅游市场主体加大信贷投入，适当提高贷款额度。通过挖掘农耕文化，以涉农博物馆、村史馆、村歌村史等为突破口，以研学、游学为载体，推动乡风文明建设，助力乡村振兴。

生态生活航线：让城市居民饮用的矿泉水、充电桩、太阳能等产品在农村大量普及。通过日常水卡充值和举办活动办卡充值来使村集体收益，既为农民提供了便利，又让农民获得良好收益。

神州居易航线：这是唯一一家针对农民打造的一款全国最大的农民安居平台，平台提供全方位金融服务，主要业务包括新房售卖、购房贷款、园林绿化、家具家电等，通过网络平台及 App 实现买房易、装修易、结婚易。

呱呱农服航线：主要机制就是金融加农服，以农业服务实现农民足不出户采购放心农资，以金融服务实现农资购销线上交易。打造农业版的"滴滴打车"，在平台输入村民所需要求，就近联系农服公司服务，实现化肥、农药集中作业。

参观乐亭县数字乡村村级数字化体系

智慧"三农"航线：主要通过建立数字乡村产品服务体系，构建农业智能化系统，让信息服务普适化。

农产品展示区和益农拼购区

健康医疗航线：通过远程诊断、资源对接等信息化方式，让名院、名医、名方、名药下乡，让农村没有难看的病。

云仓物流航线：对接银行等金融机构，创新推出普惠金融产品，围绕物流企业向下游核心企业提供物流服务的特点，针对双方应收应付关系，以未来应收账款质押并通过协议方式锁定支付路径，为物流企业提供流动资金贷款支持。让县级运营中心和村级站成为乡村物流的重要节点，打通农村物流"最后一公里"，连通最后"一百米"。

业务展示区和办事区

（三）延伸应用：创新赋能乡村治理能力升级

农业农村大数据不仅推动了乡村产业的数字化进程，而且也赋能乡村治理，给乡村治理带来了系统性变革和结构性重塑。实现数据资源的共享为乡村治理这一庞大而复杂的系统工程提供可靠依据，将政治、经济、文化、民俗、教育等数据融合转化为社会资本，变乡村治理"软环境"为融资"硬实力"。

在普惠金融助力乡村振兴过程中，必须厘清"乡村经济的主体"。要始终把农民群众的利益放在首位，坚持以人为本，改善民生，就需要精准识别"微弱经济体"，使农业农村大数据平台精准对接主体与普惠金融服务，充分发挥其在农业生产活动中的重要作用。通过"农业农村大数据＋普惠金融"模式，形成数字乡村大数据平台，通过数据整合，强化农村治理效力，增强农村治理能力，使农民生活更便利、更安全。"农业农村大数据＋普惠金融"在城乡一体化进程中有效弥合了数字鸿沟，数据共享意味着数字化可以助力乡村和城市的联通，推动信息要素在乡村和城市之间共建共享，进而推动城乡信息、知识、产品、服务、资金、人才的联通互动统筹发展。

乡村治理的主要目标是为农村基层群体提供高质量且可持续的服务，农业农村大数据平台的建设实现了治理主体数字化水平的提高。一方面以大数据作为提升乡村治理能力的重要载体和抓手，打造一站式、智慧型、便捷化普惠金融服务；另一方面在农村地区推行过程中，基层组织工作人员在提升自身金融素养的同时也提高了治理效率和质量。

乐亭数字乡村（韩坨村）
运营服务中心

三、成效反响

（一）吸引多方参与，合力推进乡村振兴

乐亭县努力推进乡村振兴建设，在乡村振兴方面投入资金21亿元，农村基础设施日趋完善，在农村绿化、硬化、亮化等方面有了质的提升，农

民幸福指数持续提高。通过不断完善政府引导、市场主导、社会参与的协同推进机制，发挥互联网企业和农业信息化企业的核心带动作用，鼓励农民和新型农业经营主体广泛参与，形成多元主体参与的共建格局。

（二）金融"普""惠"，推动数字乡村建设

乐亭县数字乡村项目的十二道航线业务开展建立在普惠金融的基础上。目前，建设取得了初步成效，由乐亭投资集团在胡家坨镇大黑坨村、乐亭镇韩坨村、毛庄镇毛庄村建设了数字乡村运营服务中心试点，另外有100个中心村站正在建设中，村站逐渐覆盖全县，惠及全县农民。

"互联网＋"农产品
出村进城

（三）提升造血功能，促进产业振兴

乐亭县农业特色产业发展迅猛，培育并形成了蔬菜、果品、畜禽、水产四大主导产业，全年瓜菜总产量达166.92万吨，产值55.67亿元。金融助力乡村振兴战略必须紧紧围绕产业兴旺这个关键，才能使普惠金融在广袤农村发挥重要作用。全年各金融机构为农业产业化发放贷款12.6亿元；努力发展农业保险，为农民解决农业生产后顾之忧，全年共为农业产业化

投保1.2亿元，理赔金额达5200余万元，为农民种养殖业保驾护航。银行业运用金融科技赋能创新，结合农业产业生产周期，开发更优质金融产品，充分发挥县域农产品特色。在农业大数据的基础上对各种金融需求进行精准识别，一方面，N个"三农"应用平台将在多个环节帮助农民节本增效，增加收入；另一方面，N个"三农"应用平台通过交互式的信息交流，帮助农民在产前、产中和产后及时采取合理的技术经济措施，制定合理的经营决策，提高农业综合生产能力。

（四）拉动县域经济，实现共同富裕

县域普惠金融支持政策不断完善，各类机构通过数字化转型提升服务能力和服务范围。在移动互联、网络和通信服务、移动数据、云计算等数字化的技术基础上，数字技术的应用大幅提升了金融服务的便利性和可获得性，有力推动了普惠金融"普"与"惠"的有机结合，在拉动县域经济发展的同时努力保持农民收入较快增长，缩小城乡居民贫富差距。对河钢乐钢、国堂钢铁、东日新能源、旭阳化工、浦项汽车板等重点企业和项目发放贷款56.8亿元，全年实现新增贷款101.6亿元，贷款增速达到34.8%，居于全市第一位，为全县经济高质量发展提供了有利的金融支持。2021年，全县生产总值484.4亿元，城镇居民人均可支配收入达到45486元，农村居民人均可支配收入达到22875元，努力向"全国百强"迈进。

（五）助力数字乡村，实现治理有效

在信息化环境下，实行地方党建和普惠金融深度融合，搭建金融、电商、物流、民生、政务等普惠金融综合服务平台，充分运用各种技术手段，推进农村信用体系建设。发挥地方政府和农村基层组织行政管理优势，利用数字乡村建设大数据平台做好信用评价、贷后管理等相关工作，整合财政资金、社会资金，建立多种形式的涉农风险补偿基金、担保机构、保险等政府增信机制。建立在金融科技基础上的数字普惠金融将不断扩大至农村地区征信系统覆盖范围，新冠肺炎疫情期间，以数字乡村的

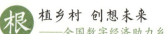
"电商进农村"和"三农大数据平台"为切入点，为解决当下果菜农产品滞销提供农业及电商数据支撑，充分发挥其在促进乡村治理和推动信用体系建设方面的作用，进而使得治理更加有效。

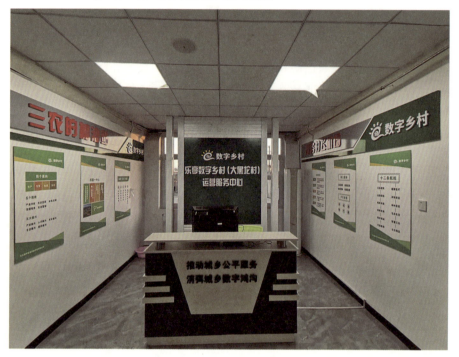

乐亭数字乡村（大黑坨村）运营服务中心

四、典型意义

数字乡村建设为数字普惠金融发展提供了新机遇：一是数字乡村建设减少了农村数字普惠金融的排斥性；二是数字乡村建设降低了农村数字普惠金融交易成本；三是数字乡村建设提供了个性化涉农数字普惠金融服务。

数字普惠金融为数字乡村建设加油助力：一是农村金融机构助力数字乡村建设；二是农业供应链金融服务商助力数字乡村建设；三是农村金融科技企业助力数字乡村建设。 Ⓖ

修信用体系之"渠" 引普惠金融之"水"
通乡村振兴之"脉"

——东兰县打造"五位一体"农村信用体系建设 助力乡村振兴"东兰模式"

中共广西东兰县委员会、县人民政府

一、案例概况

金融是现代经济的核心,信用是金融服务的基础,全面推进乡村振兴迫切需要金融助力,只有将金融"活水"流向农业、农村、农民,才能疏通乡村振兴"筋脉"。其中,信贷资金对"三农"的支持,就依赖于完整高效的农村信用体系的支撑。东兰县委、县政府着眼推动巩固拓展脱贫攻坚成果同乡村振兴有效衔接、促进全县经济社会高质量发展的大局,按照河池市委深化推进"五位一体"农村信用体系建设的决策部署,坚持"以信用为渠、引金融活水、通振兴之脉"的工作思路,按照"党委领导、政府主导、部门联动、金融部门支持、群众积极参与"的工作机制,通过修建经济、政治、文化、社会、生态文明"五位一体"农村信用体系之"渠",全面提升农户和农村新型农业经营主体信用意识,改善农村信用环境,将金融"活水"引入农村,疏通金融支持乡村振兴"筋脉",探索出普惠金融助力乡村振兴的"东兰模式"，在优化农村信用和金融环境、拓展乡村振兴广度和深度等方面取得了阶段性成效。

优秀自信的文化生态——民族文化传承

二、主要做法

（一）突出政治引领，建强信用之基，筑牢引水之"渠"

1. 领导干部靠前，部门配合更紧密

成立党政主要领导为组长的东兰县深化推进"五位一体"农村信用体系建设助力乡村振兴工作领导小组，制定了《东兰县深化推进"五位一体"农村信用体系建设助力乡村振兴工作方案》，召开专题会议部署，每周听取工作进度汇报，对工作实时研判调度，把"五位一体"农村信用体系建设助力乡村振兴工作列为"一把手"工程，坚持以上率下，深入一线开展工作，构建"党委领导、政府主导、部门联动、金融部门支持、群众积极参与"的工作格局，为全县稳步推进"五位一体"农村信用体系建设打下了坚实的组织保障。

2. 宣传全面覆盖,信用观念再转变

充分运用手机短信、横幅、宣传栏、网络媒体、现场活动、上门服务等形式,采取群众喜闻乐见的宣传方式,广泛宣传深化农村信用体系建设的重要意义、条件程序和实惠好处等,不断引导广大农民和农村经济实体树立"信用创造财富,守信振兴乡村"的思想,将"无形信用"变"有用资产"。

3. 精准全面采集,农户信息更可靠

为更好地缓解银企、银农信息不对称问题,提升金融资源对信用良好农户和农村经济实体的精准支持力度,最高效的途径是采集、建立、完善农户信用信息档案。东兰县通过制定统一的农户信用信息采集指标,编制《农户信用信息档案采集表》,将农户基本信息、经济、政治、文化、社会、生态文明及负面信息等作为农户信用信息采集的主要内容。通过对农户和新型农业经营主体的经济、政治、文化、社会、生态文明等指标进行全方位精准采集,更准确地帮助金融机构刻画较为全面的农户"信用画像",从而打破银农信息不对称问题,避免道德风险事件发生,帮助涉农金融机构有针对性地开发涉农产品和服务,提升农村融资效率,降低融资成本。组建14支金融服务队深入全县14个乡镇现场指导采集工作。整合行政力量、金融机构力量,以乡镇为单位推行"分片包干责任制",建立县、乡、村三级金融服务网格,确保信息采集全覆盖,不漏户。

4. 公正公平评定,信用信息更权威

为规范农户和农村经济组织信用评价体系,帮助金融机构快速发现优质客户、创新金融产品、管理信用风险,并为政府、相关涉农政府部门制定精准支持政策提供信息支持和参考,东兰县通过组织辖内有关政府部门、金融机构、乡镇和村两委共同参与,一手抓政策规定"硬指标"、一手抓熟人社会"软指标",充分利用农村"熟人社会"的特点,充分发挥农村社会圈子小、熟人互相监督、约束管用的优势,大幅降低信息不对称程度。按照公平、公正、公开方式进行信用等级评定工作,建立信用信息动态更新、自我纠错、异议处置,接受群众监督,实现信用评级动态性发展，确保信用体系的真实和权威。同时，注重信用评价模型的针对性、精准性。金融机构、第三方信用评级和应用单位，根据不同的业务需要，设置有针对性的信用评价模型。各信用评价模型与基础性的信用评价模型保持总体一致。

5. 授信力度加大，结果运用更坚实

引导辖区各涉农金融机构积极运用信用评级结果，按照"先试点，后推广"的原则，及时对信用良好的农户、村、乡镇和新型农业经营主体等优质客户进行授信，通过农户批量授信、整村授信、整乡授信和新型农业经营主体授信等方式，主动创新金融产品，开发符合乡村振兴需求的信贷产品，实现有资金需求的农户和新型农业经营主体能及时获得产业发展的贷款，促进乡村产业全面振兴。

"民俗鼓韵"田园综合体

（二）强化政策引领，运用信用之渠，引入金融活水

引导金融机构充分运用金融支持巩固拓展脱贫攻坚成果同乡村振兴有效衔接有关政策，对"五位一体"农村信用体系评级等级高的信用户、新型农业经营主体及支持农村产业发展的龙头企业制定有特色的金融产品，增加获贷率。

1. "信贷+保险"

通过农业保险、财产保险、农村人身保险等提供融资保障，带动信贷资金投入支持信用户的乡村振兴产业、项目。

2. "信贷+信用"

运用"五位一体"农村信用体系建设成果提供更多信用贷款，通过"整村授信"模式，对涉农企业、合作社、个人给予信用贷款支持。

3. "信贷+产业"

根据农村经营主体生产经营特点，开发符合乡村建设需求的农企贷、农场贷、金猪贷、果农贷、桑蚕贷、牛羊贷、林木贷等符合新型农业经营主体需求的信贷产品，对信用农户和新型农业经营主体给予贷款利率优惠。

4. "信贷+专业"

积极探索创新金融服务，引导辖区各金融机构创建一个较为成熟的金融支持乡村振兴"专业贷"模式——农发行创建乡村振兴金融支持基础建设特色模式、工商银行创建乡村振兴金融支持扶贫车间发展特色模式、农业银行创建乡村振兴金融支持供销系统"三位一体"发展特色模式、邮储行创建乡村振兴金融支持个体工商户发展特色模式、农村信用社创建乡村振兴金融支持特色农业发展模式。

（三）坚持发展为要，精准活水滴灌，疏通振兴之"脉"

紧紧围绕"产业兴旺"和"治理有效"目标要求，聚焦产业发展和基层治理，充分运用"五位一体"农村信用体系建设结果，不断推动产业高质量发展，提升乡村治理水平，加快农村现代化建设。

1. 瞄准"产业兴旺"目标，重点支持产业发展

（1）优先支持中草药产业基础良好的乡（镇）、村进行"整体授信"。按照"先试点，后铺开"的原则，加快对中草药产业基础良好的镇、村进行精准评估、整体授信。通过整村授信，注入资金加快发展中草药产业，推动全县形成"中草药种植—中草药生产加工—中医药康养"一体化融合发展模式。目标是创建中草药产业园、广西药用植物园、中草药种植示范

基地、艾草初加工基地,力争在 2~3 年内打造成为广西中草药种植示范县。

东兰县东兰镇乐
里村中药示范基地

(2)优先支持"十大百万"产业。引导金融机构支持辖区肉牛肉羊、黑山猪、山油茶、板栗、"三特"水果、桑蚕、东兰墨米等生态富硒农产品、淡水养殖等项目,突出产业示范引领、产业绿色转型升级、延长农产品加工链等方面融资支持,优先支持带动作用强的龙头企业、示范合作社、种植养殖大户等带动农户增收效果好的经营主体。

(3)优先支持易地搬迁后续产业。引导金融机构支持东兰县乡村振兴4 大重点产业园建设。通过支持龙华高科技产业园、长寿生态食品加工园、向阳移民产业园、东兰综合市场新型建材产业园建设,以产业促就业。同时,加大国家创业贷款支持力度,满足农民工就业创业等融资需求。

(4)优先支持东兰县绿色产业。利用《广西壮族自治区人民政府办公厅关于支持河池市建设绿色发展先行试验区的指导意见》政策红利,引导金融机构推动绿色金融与绿色经济协调发展,大力支持东兰绿色经济发展,助推"红色东兰,绿色崛起"。加快推动长寿生态食品加工产业园建设、天然矿泉水(东兰 19℃)、墨米酒项目提质增效;支持光伏示范县项目建设;加快推动全域旅游示范区创建和特色品牌打造工程,支持旅游康养业、红水河沿线风光、民俗传统文化、民宿集群产业、乡村休闲旅游等项目开发,配合市级创建铜鼓文化国家级文化生态保护区,加快建设红水河滨水旅游观光休闲养生带。

（5）优先支持重要农产品生产销售。引导金融机构继续做好粮食、生猪、蔬菜、食用油、水果等重要农产品稳产保供金融服务。重点支持东兰县供销社"三位一体"综合合作试点的相关项目，以"互联网＋"方式开展农业生产销售的新型涉农电商主体等。

（6）优先支持乡村中长期项目建设。引导农业发展银行发挥中长期贷款优势，支持改善农村道路交通、水利、电力、农田改造、人居环境整治、仓储保鲜冷链物流、农产品产地市场等基础设施建设，其他涉农金融机构积极支持"美丽乡村"项目建设。

（7）优先支持新型农业经营主体生产活动。引导金融机构支持发展前景好、信用记录好的新型农业经营主体（农民合作社示范社、示范家庭农场、规模养殖场和农业产业化龙头企业）开展各类生产活动的融资需求。

广西东兰贵隆生态农业科技有限公司食用菌产业园，工人在采摘食用菌

2. 瞄准"治理有效"目标，重点提高基层治理能力

将信用结果的运用纳入全县乡村治理整体规划，推动信用结果与村规民约、扫黑除恶、疫情防控、乡风文明、任职条件等重点工作相结合，进一步扩大农村信用体系管理范围，将法律法规涵盖不了的不文明、不道德行为，用信用平台管起来，将道德约束上升为制度管理。在全县范围内逐步推动"信用理事会"的建立，镇级"信用理事会"成员由镇级党代表、人大代表提议推选，村级"信用理事会"成员由村民代表推选，定期收集汇总村民在环境卫生、家庭美德、参与公共事务管理等方面的信用信息。

加快健全奖励惩戒制度，谋划在信用评级定档完成后对应制定《东兰县农村居民信用管理办法（试行）》，引入信用修复机制，全面激发群众参与的积极性，用信用管理作为提升乡村文明水平的抓手，推动基层治理能力现代化。

3. 瞄准高质量发展目标，抢抓"东巴凤区域一体化"机遇，探索建立"东巴凤信用联合体"

东巴凤作为中国革命的红色圣地，是广西农民运动的发祥地、百色起义的策源地、右江革命根据地的腹心地，山水相连、经济相融、人文相近、民心相通，经济和社会联系十分密切，河池市委市政府作出"推动'东巴凤区域一体化'发展"的决策部署。东兰县紧紧把握"东巴凤区域一体化"发展契机，逐步健全三县信用互认机制，探索建立"东巴凤信用联合体"，编制三县守信"红名单"和"黑名单"，并动态管理和更新，着力打破"信息孤岛"，发挥叠加效应，加快谋划三县信用联合激励政策标准，充分共享和有效应用公共信用信息，最大限度发挥"五位一体"农村信用体系助力乡村振兴的作用。

三、成效反响

（一）金融生态显著优化，信用意识不断提升

随着"五位一体"农村信用体系建设的深入推进，促使广大农户、农村企业等农村经济主体更加注重自身的信用状况，农村整体信用意识明显提高，"守信激励、失信惩戒"效应有效显现，金融生态环境得到明显改善和优化。乡镇干部、村两委、金融机构和农户普遍反映，"五位一体"农村信用体系建设让农户和新型农业经营主体真正体会到了信用的品牌价值及信用的"致富"途径，农户们都更珍视信用，秉持良好的守信意识，这也进一步促进了金融资源向农村的倾斜。

（二）金融支持力度加大，农户获贷显著增加

随着"五位一体"农村信用体系建设的不断深入，东兰县农村整体

金融生态环境明显改善，信用信息和评价成果促进农户融资的正面作用不断凸显，金融机构为农村企业、农户等服务的积极性明显提升。东兰县农村信用合作联社推出"整村授信"、农户网络信贷等特色化信用信贷产品，帮助乡村培育特色优势产业，提高农户等农村经济主体的自我发展能力，有效发挥信用的价值。截至 2022 年上半年，全县完成采集录入 72270 户，完成率 100%；新型农业经营主体完成采集 348 户，完成率 100%。全县共为 10 个乡镇 47 个行政村办理了"整村授信"业务，授信农户覆盖 27318 户、金额 140100 万元，累计用信 11600 户、金额 71108 万元。2021 年以来，累计采集新型农业经营主体信息 348 户，授信 76 户 2750 万元，用信 1813 万元，发放农户脱贫小额信用贷款 1712 笔 8134 万元。

花香乡"整村授信"签约现场

（三）金融施策更为精准，产业发展全面提升

随着"五位一体"农村信用体系建设的不断深入，东兰县各金融机构

主动运用中央货币政策与农村信用体系建设工作的相互配合，有效推动东兰县乡村振兴各项特色产业发展，"补短板"效应显著增强。例如，农发行东兰支行投放贷款 25000 万元支持东兰县乡村振兴基础设施和"红色甜源"综合体等项目建设；工商银行东兰支行、农行东兰支行、北部湾银行东兰支行等金融机构投放贷款 4875 万元支持广西河丰药业有限责任公司、广西东兰贵隆生态农业科技有限公司等 20 家乡村振兴特色产业龙头企业；东兰县信用联社投放贷款 1714 万元支持发展东兰县特色产业的 29 家新型农业经营主体。

（四）金融赋能社会治理，社会大局稳定和谐

东兰乡村治理工作取得阶段性成效，获得国家信访局信访工作"三无"县称号，武篆红色村庄乡村振兴示范区获列第一批中央专项彩票公益金支持项目，武篆镇东里村先后被评为自治区乡村振兴改革集成优秀试点村、第二批全国乡村治理示范村，列宁岩、魁星楼被命名为自治区民族团结进步教育基地。

四、典型意义

（一）着力优化布局，打造新型体系

"五位一体"农村信用体系建设，内容上是在打造新的体系格局，本质上是在坚持党的领导下，用金融的方法，将市场的契约精神与农村的"熟人社会"充分结合，全面加强农村经济、政治、文化、社会和生态文明建设，夯实党在乡村的执政基础，推进乡村基层治理体系和治理能力现代化的创新举措，是推动乡村振兴政策有效落地的重要基础，是加强金融要素向农村供给的有效保障，是促进农村经济主体共同富裕的外在动力。在新的体系下，不断加强农村信用体系建设，持续改善和优化农村融资环境，促使金融机构持续加大信贷投放力度，形成可持续发展的良性循环，成为乡村振兴道路上的强大动力。

东兰县五篆镇东里村葡萄园

（二）致力立足本位，服务乡村振兴

农业供给侧结构性改革的背景下，新农村建设市场巨大，县域经济发展空间广阔，明显的比较优势和有利的外部环境足以支撑银行未来更大的发展。银行应秉持"服务地方经济、服务小微企业、服务'三农'"的宗旨，坚持走特色化、专业化、差异化道路，以服务新型农业经营主体为切入点，延伸创建内涵，加大对现代特色农业的信贷支持力度，支持开展多种形式的规模经营，扎实做好农村金融服务。始终牢牢把握金融服务实体经济这一本源，充分适应经济新常态，增加有效资金供给与融资结构调整

相结合，优化存量与增量融资并重，继续做优、做强具有较大发展潜力的新型农业经营、特色优势产业融资服务，为产业结构调整与经济加快转型升级提供安全可靠的资金保障。

（三）聚力开疆扩土，推进普惠金融

充分发挥政府引导作用，建立健全普惠金融信用信息体系，发挥信用信息共享平台的作用，形成统一完整的企业和个人信用信息数据库，降低普惠金融的信用成本，完善农村融资担保体系及风险补偿机制，并配合使用财政补贴、税收优惠等措施。始终坚持商业可持续原则，建立健全激励约束机制，用心、用情、用金融专业与农户和小企业良性互动，发挥政策性、开发性、商业性和合作性金融的多元化优势与互补作用，支持农村集中连片发展，"造血"功能显著，取得了良好的示范效应，实现了共享双赢之举。破解了小微企业、"三农"、贫困人口等普惠金融重点服务对象面临缺信息、缺信用、缺担保等融资障碍，解决了银行业为其提供服务成本高、风险大，内在动力不足，普惠金融相关政策支持力度还不够等问题。G

数字化转型赋能乡村产业振兴

——四川省阿坝州小金县高原玫瑰乡村振兴案例

浙江德清驻小金帮扶工作队

一、案例概况

四川省阿坝州小金县，是中国工农红军第一方面军长征翻越第一座大雪山——夹金山后达维会师之地，处于四川大熊猫栖息地世界自然遗产大走廊内。小金县面积5571平方千米，下辖18个乡镇111个村，有藏、羌、回、汉等各族群众8.2万余人，其中嘉绒藏族占52%。小金县地貌复杂，山高坡陡，河谷地区平均海拔约2500米，以往村民们主要靠种土豆、豌豆等传统农作物为生，劳作繁重，收入微薄。受地形、交通、产业等发展制约，小金县2012年被确定为国家新一轮扶贫开发工作重点县。2014年启动精准扶贫工作后，小金县有贫困村88个、贫困户3260户、贫困人口11782人。

2011年，小金县达维镇冒水村村民种植的土豆、蔬菜等农作物被野猪毁坏颇为严重。听到村民抱怨后的陈望慧[①]到庄稼地里查看，农作物等被

[①] 陈望慧，藏族，四川省小金县达维镇冒水村党支部书记，小金玫瑰始创者，被群众称为"玫瑰姐姐"。

损坏严重，只看见地边有棵玫瑰树完好无损，还绽放着花朵。于是，陈望慧萌发了种植玫瑰花的念头。2011 年 5 月起，陈望慧先后去了 24 个省份考察玫瑰的种销情况，带回了适应小金县种植的大马士革等玫瑰品种，并嫁接研发出了新的玫瑰品种——"金山玫瑰"。崭露头角的玫瑰产业，得到了小金县政府的大力支持，2013 年以来当地政府相继出台扶持政策，安排浙江对口支援、省内对口帮扶资金，帮助玫瑰公司和玫瑰合作社完成基地基础设施建设、苗木补贴等，玫瑰产业进一步持续发展壮大。2016 年，为了扩大玫瑰产业，陈望慧筹资 3000 多万元，建起了玫瑰精深加工厂，探索出"支部＋公司＋基地＋农户"的玫瑰产业发展模式，玫瑰产业走上良性发展轨道。2018 年，小金县投入浙江援建资金 1100 万元，在新桥乡建设"玫瑰谷"，在达维等乡镇发展种苗基地。2019 年，小金县实现全部脱贫。到 2021 年，全县共有 3300 户种植玫瑰，收益达 1080 万元，玫瑰产品销售收入 4000 余万元，农民人均可支配收入达 17045 元。2021 年，在浙江德清驻小金帮扶工作队的协调下，以数字化和市场化为驱动力，小金玫瑰企业和北京、上海、浙江、广东等相关企业、科研院所纷纷建立合作关系，小金玫瑰迈入了数字化、现代化、国际化道路。

二、主要做法

小金县的玫瑰产业源于基层群众首创，产生于独特的高原地形气候环境，得益于政府政策支持，可谓天时、地利、人和皆备。说起小金玫瑰，不得不提到"玫瑰姐姐"陈望慧，她是小金玫瑰产业的开拓者。在陈望慧的带领下，小金玫瑰产业从种植起步，发展成为集加工、销售、研发、文旅为一体的综合产业。发展过程中，该产业得到了当地政府的政策、资金、人才支持，玫瑰产业作为全县重点产业进行打造。同时，小金县注重整合浙江、省内外资源，在玫瑰种植、市场拓展、产业合作研发、企业管理等方面给予全方位支持，以玫瑰产业为核心，通过发展生态服务型经济，创新社区治理模式，把玫瑰产业减贫外延到乡村振兴，探索出一条"一人带多人、一村帮多村"的"共富村庄"之路。

海拔 3000 米高原玫瑰花田

（一）发展：政策资金扶持

2013 年，小金玫瑰种植业已初具规模，合作社带动发展的模式得到了当地政府的肯定。小金县政府先后出台《关于发展高原玫瑰产业助推脱贫攻坚实施意见》《小金县关于发展玫瑰产业的扶持办法》等一系列扶持政策，整合浙江对口支援、省内对口帮扶等项目资金支持，累计投入资金5000 余万元对育苗、种植、基地建设、加工、农旅结合等全产业链提供支持，多方面鼓励支持玫瑰产业发展，玫瑰种植面积进一步扩大。清多香玫瑰种植专业合作社被评为"国家级示范合作社"；"小金玫瑰"成功申报了地理标志证明商标。高原玫瑰促进了小金县产业升级，拓宽了群众增收渠道，实现了传统农业向特色现代农业的转变，为脱贫减贫夯实了产业基础。

（二）推广：玫瑰品牌打造

为了支持玫瑰产业发展，小金县政府大力整合旅游资源，宣传推介打造"玫瑰之旅"这一旅游品牌，开发"观玫瑰花、品玫瑰茶、追忆红军"等具有地方特色的玫瑰风情游，全县创建玫瑰基地 1 处、玫瑰谷 1 处、玫瑰藏寨 1 个、高原玫瑰生态博览园 1 处，举办高原玫瑰·七夕情人节、玫瑰产品展销会、玫瑰论坛等，进一步挖掘玫瑰产品的经济价值、文化价值、旅游价值，提高了"小金玫瑰"的知名度。同时，加大典型人物培育力度，2019～2021 年，陈望慧同志先后获得全国脱贫攻坚"奋进奖""全国三八红旗手""全国脱贫攻坚先进个人""全国优秀共产党员"等荣誉称号。2020 年，中央电视台以陈望慧同志为原型拍摄了纪录片《脱贫先锋》；2021 年，以陈望慧为原型的产业扶贫电视剧《那些日子》在江苏卫视播出；2022 年，中央电视台两次报道了玫瑰产业帮扶事迹，玫瑰产业成为小金县的一张致富"金名片"。

（三）拓展：产业模式升级

为进一步提升玫瑰产业的综合效益，2018 年以来，小金县政府大力做好"玫瑰+"文章，大力发展第三产业。一是做好"玫瑰+旅游"，助力全域旅游新发展。大力发展以观花游、体验游、乡村游等为主打的旅游业，在新桥乡建成 935 亩"玫瑰谷"、90 亩"玫瑰花海体验区"，在日尔等乡镇建成 10 个"玫瑰花观赏体验园"，以玫瑰产业带动全域旅游发展。二是做好"玫瑰+文化"，打造旅游文化新品牌。举办"四姑娘山·七夕玫瑰情人季"、高原玫瑰论坛、高原玫瑰现场体验、浪漫玫瑰集体婚礼等活动，进一步推进玫瑰主题的农旅文旅相融合。三是做好"玫瑰+园区"，走出生态产业新路子。紧扣建设"川西藏区生态经济示范县"，学习借鉴浙江德清、成都新津农博园典型经验，全面谋划好玫瑰博览园的"业态"

和"文态",放大园区示范带动作用,延伸了玫瑰产业链,走出了浙川合作、生态产业发展的新路子。

(四)深化:数字经济赋能

2021年,新一轮对口支援结对关系调整以来,浙江德清驻小金帮扶工作队依托德清县的数字技术及相关应用经验,一是建设数字化应用系统。利用地理信息系统、大数据、数字孪生等技术手段,引入浙江国遥等信息技术公司帮助小金县建设多场景、多业务协同、动态交互的"数字乡村一张图",利用物联网、无人机、多光谱遥感等监测手段,建成覆盖种植、生产、采集、检测、物流、销售各环节的数字系统,以数字化智能化助力产业振兴。二是拓宽农村电商渠道。完善"小金出品"电商平台,引进德清县电子商务协会帮助小金金山玫瑰公司拓展销售渠道,德清县邮政公司通过邮乐购等平台销售小金县农特产品,与杭州JUNPING等品牌运营商合作推广小金县农产品,多渠道为小金县特色产品推销拓展渠道。三是广泛开展网络推广。德清、小金两地联合举办玫瑰开采季活动,邀请全国各地的专家、玫瑰客商、网络大V以及央视财经频道等各类媒体,共同研究小金玫瑰产业,推广"小金玫瑰"品牌,"小金玫瑰"品牌影响力进一步提升。

(五)延伸:产业共富谋划

2019年,玫瑰产业助力全县1/3贫困人口成功实现脱贫。2021年,浙江德清驻小金帮扶工作队充分借鉴浙江省德清县农村综合改革集成经验,将玫瑰基地所在村——达维镇冒水村列入乡村振兴综合改革示范点建设,用两年时间投入对口支援等资金2200万元,对数字乡村、基础设施、玫瑰产业、旅游产业、村庄风貌、民族文化、基层治理等进行全领域提升。链接北京、上海等专家资源,将减贫与乡村振兴、共同富裕牢固衔接。融合"社会设计"新理念,如引入友成企业家扶贫基金会及上海登龙云合建筑设计公司等,共同探索乡村振兴试点的顶层设计路径,积极推动冒水村新型社区运营中心的打造和建设,以"共护"即共同守护自然遗产和生态环境、守护嘉绒藏族传统文化为目标,以"共富"即发展乡村生态产业,

发展嘉绒藏族为特色的文化产业为路径，助力实现"共富村庄"的发展目标。

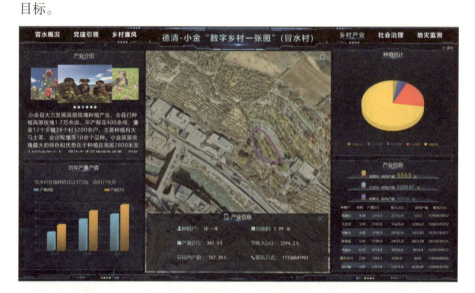

冒水村"数字乡村一张图"

成立"共护共富"社区发展基金

三、成效反响

（一）玫瑰产业成为主导产业

2011 年以来，小金县立足高原气候条件，针对高原玫瑰花形大、花瓣厚、层数多，较其他地方的玫瑰花香更浓、出油更高的优势，在达维镇冒水村率先试种成功的基础上，推广至全县范围发展高原玫瑰种植，玫瑰产业从零发展到如今已成为重要的经济作物，综合产值超 5000 万元，成为全县五大主导产业之一，是小金县农民增收的主要来源，对促进全县农村产业结构调整、助农增收和实现乡村振兴、共同富裕发挥了重要作用。

（二）乡村振兴赢得了产业支撑

产业振兴是乡村振兴的物质基础。2018～2021 年，"小金玫瑰"生产鲜花从 237 吨增长到 1000 吨，玫瑰花农实现收入从 365 万元增长到 1080 万元。玫瑰基地吸收就业人员从 2018 年的 80 余人发展到 2021 年的 210 余人。清多香玫瑰种植专业合作社被评为"国家级示范合作社"，"小金玫瑰"成功申报地理标志证明商标。高原玫瑰促进了产业升级，实现了传统农业向特色现代农业的转变，夯实了乡村振兴产业基础。

（三）三次产业实现了融合发展

小金县借力电子商务进农村，以玫瑰产业为支撑，促进玫瑰产业与乡村振兴融合发展，整合玫瑰种植区、加工区、观赏区，打造了集玫瑰种植、生态旅游、休闲康养、观赏科研教学的一园（小金高原玫瑰博览园）、一谷（小金高原玫瑰谷）、一藏寨（小金高原玫瑰藏寨）、一基地（高原玫瑰生产加工基地），形成了集玫瑰种植体验、游览赏花、玫瑰品鉴、产品展销、科普教育等为一体的高原玫瑰产业链，实现玫瑰三次产业融合发展。

（四）脱贫农户得到了稳定收入

截至 2021 年，小金县玫瑰产业以达维镇冒水村为核心，玫瑰种植产业辐射全县 13 个乡镇 46 个村 3300 户农户，其中脱贫户 1058 户、残疾家庭 276 户。高原玫瑰亩产平均收入超过 4000 元，收益远高于传统作物亩均 1000 元，户均增收 3000 余元。玫瑰加工产业为本地村民及脱贫户、残疾人提供了 210 多个就业岗位，每人月增收 2100 元。玫瑰产业的发展壮大，带动了更多群众增收致富，使更多群众分享玫瑰产业带来的红利，全面巩固提升了脱贫攻坚成果。

花农玫瑰花款现场发放仪式

四、典型意义

（一）坚持市场导向是产业可持续发展的前提条件

产业兴旺是巩固脱贫成果的关键因素，更是乡村振兴的核心驱动力。

经过十余年发展的小金玫瑰产业具备了可持续发展的抗风险能力和生长的稳定性。"小金玫瑰"在对口支援等各方力量支持下，科研能力不断提升，先后引进中国农业大学、浙江工业大学等高校资源，对小金玫瑰的选种育种、土壤健康、环境评估等开展进一步科学研究，提出了依靠大数据分析，形成产品、产地、种植户均可溯源的品控体系目标。产业链合作扩大，引进国内外行业知名企业与金山玫瑰公司建立合作关系，共同研发新产品，提升产品工艺标准，延伸玫瑰产业链，为"小金玫瑰"接轨国际市场、对标国际品质夯实基础。管理水平强化，引入浙江永续农业品牌研究院等机构，指导建设玫瑰产业全链数字中心；带领金山玫瑰公司管理团队到东部优秀企业学习生产经营模式，不断提高经营管理水平。

（二）生态服务型经济是产业可持续发展的必由之路

作为四川大熊猫栖息地世界自然遗产小金片区，该区域在发展道路上，统筹生态保护、民生改善与社会进步，将生态效益纳入经济发展的评估体系，以生态系统生产总值（GEP）来衡量当地发展是必然趋势。为了放大玫瑰产业生态价值，以玫瑰产业为示范，当地政府引入北京市朝阳区永续全球环境研究所（GEI）专家团队，开启了生态服务型经济在小金的探索实践，政府、社区、企业一起，用GEP的"指挥棒"来放大西部生态价值，提升当地产业发展的综合价值。研究内容涵盖了在小金县践行"绿水青山就是金山银山"理念和生态产品价值实现试点，搭建浙川合作平台，为当地培养生态文明建设人才，打通生态价值转化通道，助力地方经济可持续发展。

（三）数字化转型是产业可持续发展的推动力量

当前，数字化转型已呈现出巨大的发展潜力和广阔的应用前景，越来越多的企业开始采用数字化解决方案助力企业发展。相比较而言，农业产业数字化转型还处于起步阶段。数字技术的应用将加速传统农业各领域各环节的数字化改造，为农村经济高质量发展增添新动能。地理信息、大数据将经验、知识和技术数据化，实现智能化、产业化、高效化生产，能有

效解决劳动力缺乏、管理水平低下、市场信息不对称等问题。只有主动适应潮流，提升数字化生产力，才能加快产业数字化发展步伐，助力玫瑰产业降本、提质、增效，推动玫瑰产业高质量发展。**G**

第三部分

银行业金融机构

智慧金融兴八桂　信用城乡惠"三农"

广西壮族自治区农村信用社联合社桂盛富民金融服务平台

广西壮族自治区农村信用社联合社（以下简称广西农信社）以习近平新时代中国特色社会主义思想为指引，围绕自治区第十二次党代会提出的"1+1+4+3+N"目标任务体系，充分发挥乡村振兴金融主力军作用，积极开展金融科技赋能乡村振兴，加快推进全区农合机构数字化转型，打造具有农村金融特色的数字金融服务体系，引导数字金融向农村延伸下沉，不断增强金融服务"三农"能力。

一、主要做法

广西农信社统筹谋划、深入研究分析农村金融生态环境，针对农民贷款难、农村信用体系建设基础薄弱等问题，依托大数据、人工智能、移动计算等领先技术，于2021年7月26日联合自治区大数据局、农业农村厅、市场监督管理局、乡村振兴局、人民银行南宁中心支行等相关单位创新推出数字化金融服务平台——桂盛富民金融服务平台（原名"涉农信息管理系统"，以下简称平台）。该平台融合信息采集、客户画像、信贷发放、智能风控等27个功能为一体，实现贷前、贷中、贷后管理一体化、线上化、智能化，为广西780万农户家庭、280万个体工商户、850万外出务工人

员、数百万新市民带来实惠。

桂盛富民金融服务平台（原名涉农信息系统）于 2021 年 7 月上线

广西农信社依托平台全力推进"整村授信，户户有信"和个体户"批量预授信"工程，有效缓解广西农户和个体户"贷款难""贷款慢""贷款贵"问题，是广西农信社以创新农村数字化金融服务模式贯彻落实党中央关于数字金融建设新要求，在新形势下提升地方法人金融机构服务"三农"能力的有力抓手。

二、取得成效

（一）"一体化＋智能化"，保障金融支持"三农"

平台依托大数据、人工智能等科技手段，融合信息采集、客户画像、智能风控等功能为一体，实现贷前、贷中、贷后管理一体化、智能化、线上化。客户由之前需要"跑三次"减少到"最多跑一次或一次都不用跑"。

贷款档案由之前多达 70 张纸质材料到实现全程无纸化；办理周期由之前 5 个工作日缩短为老客户通过手机银行可完成 1 分钟签约、1 分钟提款、1 分钟还款等线上操作，新客户经授权后由客户经理进行线下采集，最快 8 分钟即可放款。

支持远程审批功能，在田间地头、林园果场、经营商铺，广西农信社客户经理均可为客户现场放款。支持异地双签功能，850 万外出务工人员无须返乡也能办理贷款。

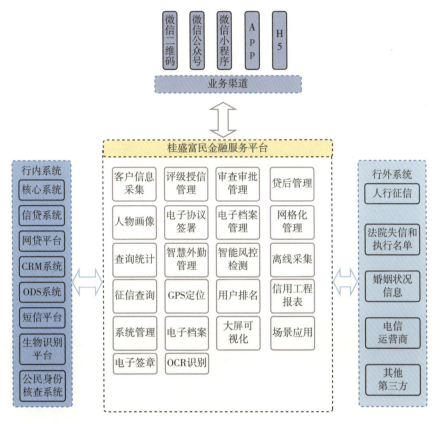

桂盛富民金融服务平台

（二）"实用性＋覆盖广"，可直接提供普惠金融服务

平台依托广西农信社 2300 多个网点、13000 多个金融便民点，形成了遍布城乡的服务网络；5700 多名基层客户经理深入村镇、街道一线，现场采集客户信息，并定期或不定期现场更新数据，确保了客户数据的真实性和迭代性。平台采用"行内实采＋行外接入"相结合方式，通过接入 800 多项外部数据，数据维度更加全面、丰富，对全区农户、个体工商户信用体系建设提供了数据支持和技术支撑。平台结合自主创新打造的"桂数耘"涉农数据标准体系，互用性、实用性更强，属区内独有优势。平台可供参与机构、单位共建共享，可供同业金融服务乡村振兴、县域经济，向

植乡村 创想未来
——全国数字经济助力乡村振兴优秀案例

市场主体提供直接普惠金融服务。

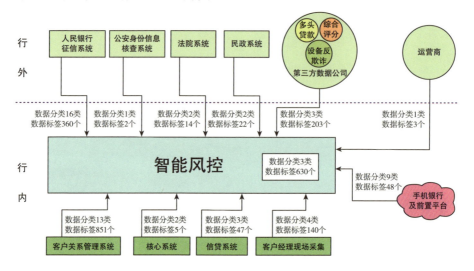

广西农信社桂盛富民金融服务平台数据应用架构

（三）"线上＋线下"，开创农村信用体系建设新局面

平台通过接入 800 多项外部数据，老客户通过手机银行可完成 1 分钟签约、1 分钟提款、1 分钟还款等线上操作；新客户经授权后由客户经理进行线下采集，通过行内外数据交叉验证的信用评估模型，实现自动化评级授信。平台上线一年以来，已推广覆盖全区 111 个县（区、市）、1118 个乡镇、14635 个行政村，覆盖率提高至 95% 以上。截至 2022 年 10 月末，累计走访有效客户 360 多万户，授信金额超 2600 亿元，用信金额超 1700 亿元。未来两年内，将实现全区近 800 万农户家庭、280 多万个体工商户授信全覆盖。

（四）"党建＋金融"，推进乡村基层共治

平台配备人员定位、走访轨迹、网格管理等功能，为"党旗引领＋金融先锋"暨"万名农信党员进万村"工程提供系统支持，深度融入基层治理，激活乡村振兴新动能。通过微信扫码（智慧门牌），农户在家门口即可查询政务信息、办理金融业务等。广西农信社万名党员依托平台走村串户、走街串巷，目的是当好金融政策的宣传员、普惠金融的推广员、服务

"三农"的信贷员、乡村振兴的联络员。

（五）金融服务创新模式获得国内行业高度认可

该平台所采用的业务模式、技术架构和数据标准，可复制、易推广。平台上线以来，获得业内高度认可，先后在"2021年第五届农村中小金融机构科技创新优秀案例"评选中，荣获"应用创新优秀案例""十大网络影响力优秀案例"；在全国"2021年金融科技应用创新奖"评选中，荣获"2021科技赋能金融业务发展突出贡献奖"；在全国"农村中小银行金融科技助力乡村振兴典型案例"评选中，荣获"农村中小银行金融科技助力乡村振兴最具社会效益奖"；在中华合作时报社主办的"2022农村金融转型创新案例征集活动"中，"桂盛富民金融服务平台助力乡村振兴"案例入选"2022农村金融产品创新年度案例"以及其他多项全国性金融科技创新类奖项。

三、创新举措

（一）创新客户走访模式，实现线上线下充分融合的普惠型数字化信贷服务模式

平台通过建立区域级数据标准，融合行内外数据，完善客户信息档案，破解农业机构与农户之间信息不对称的难题，对历史数据和信息及时修正；建立多维度的客户评分体系，依托大数据驱动的信用评价、智能决策和数字化风控能力，建立流程简单、风控有效、客户体验良好的普惠型数字化信贷服务体系。

（二）创新系统架构，传统风控变智能风控，重塑信贷风险管理模式

在大数据方面。平台汇聚行内多年积累的金融数据，以及征信、工商、税务等多项合法合规的行外数据，依托大数据技术，对数据进行标准

化治理，深入挖掘、分析县域及农村客户的特征，构建客户标签体系，为线上信贷系统快速全面认知客户、评价客户信用、风控、授信、引流获客提供数据支撑。在平台框架方面。平台采用动静分离、弹性可扩展的微服务架构，能快速地创建应用并提供简单快捷的 REST/JSON 通信模式，无须使用大型中间件进行部署，系统内部各服务模块弹性可伸缩，同时支持灵活扩展。

在智能风控方面。紧紧抓住数字化转型的契机，充分运用大数据、人工智能等技术，有效构建智能风险防控模型。一是精准客户画像。上线个人客户画像功能与客户价值挖掘模型，为全区 4800 多万个人客户生成 800 多项特征标签。基于自治区大数据局和市场监督管理局数据，推进全区个体工商户批量预授信及网格化金融服务。二是精准识别客户风险。基于 AI 智能机器学习模型算法，开发高端客户流失预警模型、高端客户流失挽回模型、个人经营性贷款响应模型、农户小额信用贷款响应模型等，精准分析、识别、监测客户风险。三是加强智能风控技术应用。探索实践机器学习、知识图谱、沙箱环境、批量决策、冠军挑战技术及随机森林、逻辑回归等算法应用，并对智能风控模型的准确性、稳定性进行持续监测和后评价。通过对行内数据、人行征信数据、政务数据自动交叉验证，智能识别潜在风险点，把准客户准入质量关、合理授信管控关、贷后预警处置关。四是强化人员管理。通过平台配套的人员定位、轨迹记录、客户地图、关系图谱、借名贷款预警等功能，加强对客户经理、审查、审批人员的实时监测预警，有效降低操作风险。

（三）以信息化技术为支撑，系统安全性、便捷性有效提升，降低业务管理成本

平台采用防复制、防截屏、多重资料加密等功能，配合操作规程和数据安全规范等，最大限度保障数据在采集、传输、应用、使用时的安全合理性。同时，系统实现信贷业务的"网格化、无纸化、一站式"服务管理，有效节约人工成本、管理成本，有效提高管理效率，为提升基层信贷业务的办理效率和客户满意度做好先驱试点。

四、项目效益及应用价值

（一）产业效益

1. 有利于推进广西农村信用体系建设

广西农信社持续致力于农村信用体系建设，由原先的被动响应需求，到当前主动规划建设。桂盛富民金融服务平台是广西农合机构主动开展农村信用体系建设的体现，是全辖区农合机构信用工程的主要抓手。该平台的建立，极大地完善了广西农合机构的农村信用体系，有效促进了广西农合机构农村信贷业务的发展，有利于推动广西其他金融机构及相关产业关注并加入广西农村信用体系的建设之中，推动广西农信社信用体系建设得更加完善。

2. 有利于推动广西数字金融业务的发展及金融业科技进步

平台综合运用大数据、人工智能等先进信息技术对传统信贷业务进行升级，是科技与金融相结合的有益实践，为传统信贷业务带来了质的提升。通过金融科技带动业务发展具有良好的示范效应，有利于推动广西其他金融机构加大金融科技投入，推动广西数字金融业务的发展，创新数字金融产品与服务模式，推动产业融合及升级。

3. 有利于提高农户贷款覆盖率和申贷获得率，引入金融"活水"促进乡村振兴

平台通过金融科技优化信贷业务模式及风控模型，有效降低信贷业务成本和风险，提高服务效率，结合自身业务规模，提高广西农村地区信贷业务的整体质量，有助于缓解广西当地农村市场信用环境差、农民融资难、绿色信贷认定难等突出的现实问题，引导农村经济向绿色、低碳发展，助力乡村振兴。

（二）社会效益

无纸化系统实现节能减排，助力企业绿色转型。平台作为"无纸化、

线上化、移动化、标准化"全业务流程管理系统，有效促进节能减排，帮助农合机构进行绿色转型。传统情况下，客户办理信贷业务需要提交、签订诸多纸质材料，平均办理每笔信贷业务需要产生约70张纸质材料，部分复杂的情况下用纸量甚至要翻倍。通过该平台，信贷业务全程采用数字化录入、存储、传输，实现业务无纸化。在加快信息处理效率的同时，减少大量纸张消耗，节约信息维护成本，有利于减少碳排放，促进可持续发展。

此外，线下信贷流程过程中每笔信贷业务需上门4次，平均每次上门路程为10千米（驾驶汽车），按每百千米油耗8升计算，则每笔信贷业务需用油3.2升；而平台可将每笔业务需上门次数减少至1次，每完成一笔业务预计可节约2.4升油。以92号汽油为例，则预计每年可减少二氧化碳排放3563803.6吨，为促进当地节能减排、绿色发展作出巨大贡献。 Ⓖ

践行数字化转型 助力乡村振兴提质增效

长沙农村商业银行股份有限公司

一、案例概况

近年来，长沙农村商业银行股份有限公司（以下简称长沙农商银行）始终坚守支农支小的市场定位，先后出台服务乡村振兴专项规划和实施方案，锚定"国有大行不愿做、股份行做不了、城商行做不好"的领域，坚持做小、做散、做难。主动担当地方性法人银行责任，以新金融行动贯彻新发展理念，致力解决普惠金融服务在城市农村区域的民生痛点，依托"金融＋政务＋产业"为一体的"乡村振兴综合服务平台"，深度融入乡村治理，持续发力数字化金融体系建设。

二、主要做法

在"乡村振兴"系列政策的指引下，长沙农商银行将金融科技与乡村振兴巧妙融合，夯实数字化转型基础，打通线上线下渠道，打造"金融＋乡村振兴"综合服务平台，探索智能营销、智能风控、智能运营、智能管理等应用场景。平台包含乡村振兴数字美好学院、乡村振兴便民金融服务平台、乡村振兴数字金融平台、乡村振兴数字共享平台等，助力乡村文化振兴、人才振兴、产业振兴、组织振兴，让乡村居民实实在在地享受到金融科技的"便利"和普惠金融的"福利"。

（一）共建数字美好学院，助力乡村文化振兴

美好学院是长沙农商银行赋能乡村振兴的重要举措，也是实现人民群众美好生活需要的重要行动。美好学院是集国家政策宣传、乡村振兴学习、消保金融培训、儿童财商培育、农户权益实现等五项功能于一体，通过"多形式、强师资、优权益"等方式，联合政府相关部门、科研院所、社会团体等共同搭建的线上线下宣传教育平台，通过线上线下宣讲会、屋场夜话、线上微课堂等方式，为乡村人才、新农民、新市民创业就业提供智力支持，力争实现素养教育新标杆、产业人才新摇篮、经济发展新助力、美好生活新引擎的"四新愿景"。美好学院通过线上数字学院开办教学，并通过实训基地、田间课堂、大讲堂、客户权益俱乐部等延伸和拓展了多种教学形式。

美好学院实训基地数字大屏

湖南金融教育示范基地（乡村振兴纪实馆）

（二）搭建便民金融服务平台，助推乡村人才振兴

1. 拓展升级福祥 e 站便民服务站

长沙农商银行将富民创业与金融服务相结合，在银行网点无法辐射到的边远乡村、社区和商圈，设置福祥 e 站便民金融服务站，配套专业机具、统一的招牌、统一的管理机制和管理平台，让村民足不出村即可享受小额存取款、社保缴纳、生活缴费、信用卡还款等便利的金融服务。同时，与村社联合打造道德银行，结合村民日常的乡评乡风、行为规范、美丽屋场创建等行为设置道德积分体系，作为信用村创建评定的依据。并聘请当地村社带头人、返乡大学生、退役军人等参与福祥 e 站运营，带动乡村人才增加收入。截至 2022 年 12 月末，已建设 120 家福祥 e 站，满足了 120 户乡村人才稳岗就业需求，累计交易 9 万多笔，交易金额达 2.46 亿元。

福祥 e 站便民服务站

2. 完善农村移动支付便民工程

为持续改善农村支付服务环境，深入拓展便民应用场景，长沙农商银行探索适应农村发展的支付产品，加快推动农村移动支付的普及应用，高质量推进移动支付示范乡村建设工作。在指导农户使用便捷支付的同时，开展"邻里荟"满减有礼等系列活动，帮助商户引流创收。近 2 年已拓展有效商户近 2 万户，月均交易额已超 4 亿元。

（三）搭建数字金融平台，助推乡村产业振兴

1. 推进数字网格，实现精准对接

一是实现组织联动。构建"金融三员"① +"金融村官"② 的组织联动体系，截至 2022 年 9 月已明确"金融三员"1581 人次，向村社、市场派驻"金融村官"516 人次，建立党员服务站 182 个，深度融入基层治

---

① 金融三员即金融组织员、金融协理员、金融联络员。
② "金融村官"是指银行驻村客户经理，承担金融服务、志愿服务、信用创建等职能。

理，累计与乡镇/街道、村社和重点产业项目签订合作协议 400 多个，"金融村官"履行产业扶持、小额贷款、信用创建等一系列职能。二是实现数字网格管理。长沙农商银行运用数字化、信息化手段，以客户为管理内容，通过网格化管理信息系统平台，将长沙辖内划分为 799 个网格，明确 799 名网格责任人，实现上下联动、资源共享。截至 2022 年 9 月已为 3.49 万户村民、近千户小微商户建立信用档案。三是推进"5050计划"。为逐年推进网格管理，近三年每年在全市优选 50 个村（含城中村、城郊村或安置社区）、50 个商圈（含市场、商会、协会等）和社区，实施整村授信、整圈授信，截至 2022 年 9 月已完成整村授信项目 160个，包括省级文明示范村 16 个、城中村 16 个；整圈授信项目 64 个，长沙市亿元以上综合（专业）市场基本全覆盖。累计向 6.54 万户城乡居民、小微商户发放 45 亿元小额贷款。

2. 全面推进移动作业，提升乡村服务质效

"福祥到家"移动银行是长沙农商银行在湖南省农村信用联合社（以下简称省联社）指导下，利用移动智能设备，结合人工智能、大数据技术打造移动金融服务平台，通过无线、专线网络通信技术，实现线上客户营销、非现金柜台业务、信贷业务、信用卡等业务的移动办理。截至 2022 年9 月，长沙农商银行配备 614 台移动 Pad、173 台电子背夹，实现"金融村官"和客户经理全覆盖，累计授信 6653 户、借记卡开卡 2.75 万张，小额信用贷款移动作业率达到 40% 以上。客户经理展业移动化、线上化、智能化为实现网格精细营销，打通金融服务乡村"最后一公里"奠定了基础。该项目荣获 2021 年湖南省金融科技创新竞赛一等奖。

3. 创新数字信贷产品，赋能乡村产业发展

长沙农商银行积极依托大数据、互联网技术、人工智能等金融科技手段，通过线上平台申请，以政务大数据、金融数据、征信数据等数据资源为基础，采用纯线上方式或线上线下相结合方式，为乡村振兴赋能。截至2022 年 9 月，已打造长沙快贷、惠农快贷、福祥 e 贷等多个线上产品系列；并先后上线乡村振兴卡、乡村振兴 + 人才贷、强村贷、产业贷、安居贷、农机贷等六大系列产品，可支持 30 个以上的乡村需求场景。

（四）搭建乡村振兴数字共享平台，助推乡村组织振兴

1. 完善资金监管平台，推进乡村三资治理

一是提供农村集体三资监管服务。上线三资监管平台，通过建立"双账套"管理模式，落实"政经分离"，村委会和股份经济合作社单独记账，实现了村集体合作社的资产、资源、合同、资金在线监测与预警等功能。让农村集体资产财务管理更加规范化、制度化，激活农村集体生产要素，提高农民财产性收入。二是加强村级集体经济扶持力度。截至 2022 年 9 月，已经开立 247 个合作社账户，辖内账户覆盖率达到 85.9%，授信近 20 亿元，发放近 10 亿元贷款支持村级合作社土地开发、安置房建设、兴办乡村产业，成为长沙市区村级合作社金融服务主办行。

2. 创新美好乡村服务平台，赋能乡村民生治理

推动数字技术赋能高效治理，打造集党务、镇务、村务、民务、商务、经营服务、金融服务于一体的数字平台，构建"金融＋乡村美好"生态环境。一是实现村务信息化。通过上线智慧党建模块、阳光村务模块、信息化管理体系，提高村民参与度，实现党建电子化管理，村民档案数字化、可视化、动态化管理。二是实现生活智能化。便民政务、民务及惠民商务模块，包括开店登记备案、车票订购、车辆服务、挂号问诊、务工咨询、网上农贸市场、直播带货、农产品数字展会等功能。整合农村农业资源，汇集特色农产品信息、市场供求等资讯，将农村种植户、农村种植基地、农产品经销商、农产品消费者紧密连接，带动乡村三次产业融合。三是实现融资便捷化。推出"数字信用村、数字信用户"整村评定机制。依托"金融村官"走访建档获取村民基本情况和经济信息，借助金融三员"三无三有"①道德评议确定村民信用等级和信用额度，以白名单方式导入乡村振兴综合平台金融服务模块，叠加人行征信和政务数据线上交叉验证，实现村民融资和农村信用体系建设的"线上＋线下"结合模式，村民足不出户即可获得贷款资金支持，极大地提高了农村服务效率和农户金融体验。

---

① "三无三有"是指无不良品行、无不良资信、无过度融资，有稳定职业、有固定住所、有和谐家庭。

三、反响成效

长沙农商银行依托数字化转型服务乡村振兴，通过金融科技构筑共生共荣发展平台，实现与各级政府单位和企业密切合作。加强与长沙市委市政府、长沙市农业农村局及各区农业农村局等政府部门沟通汇报，已与市、区两级农业农村局分别签订乡村振兴战略合作协议；2022 年成功承办长沙市金融服务节首场活动——"金融服务乡村振兴垄上行"，为金融服务乡村振兴工作注入了新动能、激发了新活力。加强与湖南省中小企业融资担保有限公司合作，成为"银担普惠信用贷"第一家落地行。

近两年，长沙农商银行累计投入涉农信贷资金 327 亿元，重点支持了千龙湖生态农业等农业基地 79 个，石燕湖等观光农业项目 8 个，家庭农场、新型农业经营主体 460 余家，支持了湖南粮食集团、果之友水果等重点农业企业 87 家，累计为 200 多家村级经济合作社提供综合金融服务，发放村级集体经济贷款近 10 亿元。启动金融服务乡村振兴"十百千万"工程，"十四五"时期每年建设 10 家乡村振兴信用示范村，村级集体组织授信面达到 100%，满足 1000 家新型农业经营主体综合金融服务，惠及10000 户新农民及新市民。截至 2022 年 9 月已完成 42 家信用村打造，2022年高标准启动靖港镇 3 家乡村振兴示范村建设。提前布局村级集体经济改革，六区村级集体经济组织账户覆盖率达 85.9%。建立 1.5 万余户的农业企业、新型职业农民、乡村人才、新型农业经营主体等名单库，截至 2022年 9 月已支持新型职业农民、乡村人才、新型农业经营主体 1004 家。此外，长沙农商银行把春耕备耕作为每年的专项工作，单列贷款投放计划，已累计投放粮食、蔬菜、生猪、渔业等产业贷款 3475 笔、金额合计近 6 亿元。

四、典型意义

长沙农商银行坚持以数字化转型助推乡村振兴，不仅解决了村民"融资难"的老问题，还解决了农村村民、村集体等信息化程度低、服务便利性差、办事难度大等问题，该模式有以下几个方面值得借鉴。

（一）把牢党建引领"方向盘"，让数字科技助力乡村发展方向更平稳

一是筑牢一个"堡垒"。长沙农商行董事长挂帅、行长部署，打造乡村振兴"一把手工程"。坚持行党委班子为指挥部、分管党委成员为战区司令的战区指挥制，各部室、各支行按照各自战区负责辖内金融支持乡村振兴各项工作。二是架起一个支点。立足"党建共创 普惠金融"要求，推动各级党组织与地方各级党组织广泛开展"组织共建、经济共振、信用共树、资源共享、人才共育、志愿共帮"等全方位合作，累计与乡镇/街道、村社和重点产业项目签订合作协议 400 多个，共同搭建服务乡村振兴战略平台。三是完善一套机制。主动加强与市委市政府、有关区政府等部门的汇报协调，与市、区两级农业农村局分别签署《全面推进乡村振兴战略合作协议》，凝聚工作合力。先后出台《长沙农商银行服务乡村振兴 10 条措施》等政策文件，描绘金融助力乡村振兴"路线图"。四是打造一支队伍。以"阳光工程"为契机，把乡村振兴作为人才锻炼成长的重要平台，遴选党员业务骨干成立乡村振兴探索试点的"党员先锋队"；深度融入乡村治理，明确"金融三员"，向村社、市场派驻"金融村官"，建立党员金融服务站，有效发挥党员示范带动作用。

长沙农商银行与长沙市各区农业农村局签署战略合作协议

（二）打造开放共享"主基地"，让互联网思维助力乡村振兴提质增效

长沙农商银行乡村振兴工作，联动了各级政府单位和企业组织，实现了共建、共生、共享、共荣，如美好学院牵头组织农业农技、农村电商、直播、医药健康、现代农业科技、农业经济等领域专家和一线乡村能人匠人，制作贴近乡村居民需要的微课程和实训课程，赋能乡村振兴的能力建设和内驱力塑造。围绕文化振兴，搭建中国传统文化、革命和党史教育、村落发展史、运动与健康、广场舞教学、现代育儿、流行病防护等知识学习平台，帮助农村居民进一步树立家国情怀和现代生活格调。例如，积极推动创新产品发展，与湖南省农业信贷担保有限公司、湖南省中小企业融资担保有限公司、湖南省长银融资担保有限公司、长沙市长财融资担保有限公司等共同推出系列担保产品，弥补了农村有效担保不足问题。

（三）用心培育热爱"三农"的人才队伍，让金融助力乡村发展路线更透明

全面推进乡村振兴，人才队伍是关键。对内，我们把建设一支懂农业、爱农村、爱农民的"金融村官"队伍放在突出位置，按照专注、专业、专营的"三专"经营理念，实行网格化管理，将这批人才输送到农村第一线，并在薪酬绩效、考核激励、职级晋升等方面予以倾斜。同时，加强数字人才培养力度，全行数据建模队伍超过 60 人，数据分析队伍接近 100 人，2022 年荣获人民银行长沙中心支行智慧金融建模竞赛第 2 名。企业级数据标准和相关制度陆续发布，数据治理工作一直在路上；基于大数据技术的一系列金融产品与金融服务得到客户和客户经理的喜爱；全行近 100 个 RPA 数字员工广泛应用在运营管理、内控合规管理、财务管理、人力资源管理、信用卡业务、零售业务、金融市场、报表报送等 10 个业务领域，为全行节省近 10 个全日制员工，其工作效率相比真实员工提升 90% 以上。

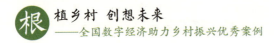

对外，通过美好学院，举办创业赋能培训、"金融夜校"、"金融讲堂"等平台，成为党政方针的传播者、乡村人才创业成长的新基地、学习乡村振兴知识的新平台。**G**

广西防城港：打造数字普惠金融新业态助力兴边富民取得新成效

中国人民银行防城港市中心支行

一、案例概况

近年来，广西防城港通过推动建设广西边境地区数字普惠金融"1234工程"（即建设一套工作机制、落实普惠金融货币信贷和贷款贴息两方面优惠政策、搭建三个数字普惠金融平台、创新四个方面数字普惠金融体系），积极打造沿边地区数字普惠金融新业态，助力兴边富民取得积极成效，京族实现整族脱贫。

二、主要做法

（一）建立一套工作机制

强化使命担当，积极扛起金融支持乡村振兴政治责任，多次召开专题会议研究推动数字普惠金融支持乡村振兴，先后制定《防城港市巩固拓展脱贫攻坚成果同乡村振兴有效衔接金融行动方案（2021—2025年）》《加强防城港市农村支付服务环境建设 助力乡村振兴工作方案》等"一揽子"

政策，压实工作责任，形成金融＋财政＋产业部门多方联动的数字普惠金融支持乡村振兴的一套完善工作机制，为数字普惠金融业务发展提供机制保障。

（二）落实两方面优惠政策

一是落实央行再贷款、再贴现支持政策。依托沿边沿海优势，紧扣边境旅游、边境贸易、边境特色农业等主题，充分发挥再贷款、再贴现政策工具导向作用，引导辖区金融机构进一步加强对边境地区的金融支持，有效加大边境地区的信贷供给力度，为边境地区高质量发展营造良好的金融环境。例如，广西防城港防城区农村信用合作联社提供"7×24"小时无盲点的金融服务覆盖，随时为边境农户提供线上贷款申请服务。2020 年 1 月至 2022 年 4月，防城港市金融机构累计运用再贷款、再贴现资金 12.67 亿元，惠及市场主体近 2500 户，有效降低了边境地区市场主体融资成本。二是落实普惠金融贴息优惠政策。组建"桂惠贷"金融顾问专业辅导团队，开展"六大专项行动"，推动"桂惠贷"政策为地方重点企业融资发力，截至 2022 年 4 月末，防城港市金融机构累计投放"桂惠贷"54.31 亿元，惠及 828 家市场主体，贷款加权平均利率 2.58%，直接降低市场主体融资成本 1.08 亿元。持续推进民贸民品贷款贴息政策，为昌菱制糖有限公司、十万山制药有限公司、上思华林林产工业有限公司等特色民贸民品企业提供资金支持，助力高质量发展，2020 年以来，累计为民贸民品企业融资 13.27 亿元，节省企业融资成本 1660.83 万元。大力推广国家创业担保贷款优惠政策，激发市场活力，积极营造良好的创新创业氛围，促进大众创业万众创新。截至 2022 年 3 月末，累计发放国家创业担保贷款 3583 万元，带动创业就业 256 户。

（三）搭建三个数字普惠金融平台

充分依托防城港作为中国—东盟开放门户的区位优势，积极推进跨境数字普惠金融平台建设，指导桂林银行防城港分行联合自治区级农业产业龙头企业澳加粮油打造全区首家跨境金融服务乡村振兴示范点，通过航运、贸易、金融的数字化、集约化发展带动边境地区乡村振兴。一是搭建航运贸易大数据金融服务平台。以大数据技术为依托，搭建政府、企业、银行三方协同的航运贸易大数据金融服务平台，是广西北部湾地区首个全面归集政务信息、产业供应链信息的跨境数字普惠金融基础设施，有力助推了航运、贸易、金融多业态深度融合发展。二是搭建中国－东盟跨境征信服务平台。金融机构可通过中国－东盟跨境征信服务平台获取境外企业征信报告，实现广西跨境征信服务的零突破。截至 2022 年 3 月末，防城港市各银行、小额贷款公司等 40 多家金融机构及国际贸易企业参与平台注册，逐步形成可复制、可推广的跨境金融服务经验，有效助力了边境农村地区市场主体跨境合作，带动了地方经济发展。三是搭建互市贸易跨境资金服务平台。通过加强防城港市互市贸易跨境资金流动监测服务平台的建设和使用管理，逐步完善和拓展平台功能，实现商铺信息、边民信息、交易订单信息、银行结算信息的全面采集，组织银行接入，推动升级成为广西口岸互联互通系统平台的重要组成部分。截至 2022 年 3 月末，该平台已采集商品信息 9 大类共 321 条、商铺信息 371 条、边民信息 2.25 万条，交易信息 300 余万条，实现互市贸易跨境结算业务全部电子化，大幅提升了银行边贸结算效率以及金融监管部门的监测效率和监管水平，相关做法被复制推广到广西崇左、百色等边境地区。

2022 年 1 月，成功举办北部湾国际航运贸易金融服务平台启动仪式

（四）创新四个方面数字普惠金融体系

针对边境地区市场主体融资需求不断增加的状况，制定并印发《防城港市边境金融综合服务体系创新工作方案（2020—2022 年）》，指导边境地区金融机构在合法合规前提下，为边境地区市场主体量身定制普惠金融服务体系。

1. 创新边境地区普惠信贷产品体系

一是创新推出有机串联互市供应链上下游的"互市贷"。推动指导金融机构根据互市贸易结算模式，为边民互助组在互市区覆盖范围内的采购活动中向境外商户支付货款提供融资支持，将互市供应链上下游有机串联的特色化融资产品。"互市贷"专项用于支持边境地区居民，具有融资担保方式灵活多变，抵质押率高、授信期限长、随借随用等特点。二是创新推出支持边贸采购方融资的"边易贷"。"边易贷"适用对象为边境贸易经营活动中的采购方，以货物销售回款为第一还款来源，可有效满足边境贸易经营活动中的采购方直接向边民或委托边民向越南供货方支付采购货款的融资需求。三是创新推出满足沿边企业融资需求的"惠边贷"。"惠边贷"旨在满足广西沿边地区企业在生产经营活动中以边境贸易方式直接或委托境内代理机构向越南采购货物的融资需求，以货物销售回款为第一还款来源。例如，截至 2022 年 4 月末，作为致力于服务乡村振兴的银行，桂林银行防城港分行累计发放"互市贷"48 笔，贷款金额 1.25 亿元，"惠边贷"发放 99 笔，贷款金额 1.53 亿元，"边易贷"业务 40 笔，贷款金额 1.06 亿元。

2022 年 7 月 28 日下午，桂林银行首家"跨境金融服务乡村振兴示范点"暨防城港市首家"绿色服务乡村振兴示范点"在防城港市澳加粮油工业有限公司成功揭牌

2. 创新边境地区农村信用体系建设模式

一是围绕改革目标，制定边境地区农村信用体系建设规划。围绕"一提升、二解决、三推进"（即提升农村金融资源供给；解决"三农"发展中资本不足、解决信用缺失导致的融资难题；推进拓宽"三农"融资渠道、推进出台金融扶持政策措施、推进涉农保险市场发展）的改革目标，相继制定《东兴市农村信用体系建设工作方案》《东兴市创建农村信用体系建设示范县三年工作方案》，明确政府各职能部门、金融机构的分工职责，开展信用农户、信用村、信用镇以及"三农金融服务室"的创建活动，稳步推进边境地区农村信用体系建设。二是找准定位抓落实，创新边境地区农村信用体系建设财政补偿机制。充分发挥地方财政资金的杠杆效应和导向作用，激励金融机构加大对边境地区信用农户的支持，2019年5月，东兴市出台广西第一个政府专门针对信用农户的贷款风险补偿制度——《东兴市信用农户贷款风险补偿办法》。三是狠抓落实促提升，厚植边境地区"诚信"文化。坚持"政府主导、金融管理部门推动、各方参与、服务社会"的整体思路，将行政企事业单位、小微企业、高效农业园区、社区纳入农村信用体系建设范畴，有效调动各方参与信用建设的积极性和主动性，推进专业大户、农民合作社、边民互助组、产业化龙头企业树立诚信经营意识，形成践诺守信的自觉行为规范，营造浓厚的信用建设氛围。广西上思农村商业银行依托桂盛富民金融服务平台扎实推进"整村授信"进程，选派37名党员下沉至8个乡镇担任金融专员，累计采集有效信用户数1.39万户，授信金额2.95亿元。

3. 创新边境地区移动支付体系

一是推进边境地区移动支付便民工程建设。加强组织领导，将移动支付便民工程作为"一把手"工程推动落实。2021年防城港市云闪付机构拓展量完成全年任务的112%，成为广西唯一一个完成拓展任务目标的地市。二是优化场景建设，提升边境地区移动支付便民水平。着力完善公交、超市、菜市场等高频消费场景以及大型商圈、景区等重点场景移动支付建设，积极推动公共缴费场景上线，全面铺开"一分钱乘公交""满2随机减"等营销活动，提升移动支付便利体验，上思县成功上线广西首个燃气公缴项目。三是围绕乡村振兴战略部署，推动移动支付向县域农村地区下沉，实现两个全覆盖。

2020 年 9 月，成功举办防城港市"惠民生 促消费"
云闪付惠民消费券发放活动启动仪式

4. 创新边境地区保险服务支付体系

制定《防城港市保险创新示范区三年创建实施方案》，创建航运贸易保险服务中心，创新推出糖料蔗价格指数、白糖"保险+期货"保险稳企惠农，以"扶贫保"助力脱贫攻坚。同时，推出生猪养殖保险"保单质押贷款"，降低农户负担，助力乡村振兴。推出不动产登记责任保险，实现全市覆盖。以"一站式"直付系统实现异地直付，成功实现理赔案件全面线上直付，结案完成率接近99%，以保险服务创新践行民办实事。

三、成效反响

（一）民族地区普惠金融综合服务"优"，助力京族实现整族脱"贫"

京族是中国唯一的海洋民族，防城港东兴市是我国京族唯一聚居地，全市共居住有京族人口 2 万多人。防城港市金融部门围绕"京"字招牌，通过实施数字普惠金融"1234 工程"，支持"京族文化＋产业融合"发展模式，形成一批具有京族特色、地区特点的产业品牌，助力京族于 2020 年实现整族脱贫，提前实现国家民委制定的"五通十有"扶持标准。截至 2022 年 3 月末，东兴市金融机构贷款余额 128.83 亿元，同比增长 6.50%，京族主要聚居地东兴市江平镇建成全国首批现金服务示范区，入选广西旅游重点镇，7 个乡村旅游示范基地获金融机构融资支持。2021 年，东兴市获评全国休闲农业重点县，旅游总消费同比增长 8.37%。

（二）普惠涉农贷款增长"稳"，助力农村居民人均可支配收入升"高"

截至 2022 年 3 月末，防城港市金融机构普惠涉农贷款余额 106.00 亿元，同比增长 3.70%。其中，种养大户、家庭农场、农民专业合作社等新型农业经营主体贷款余额 23.05 亿元，同比增长 67.62%；农业生产资料制造贷款余额 1.3 亿元，同比增长 45.39%。2022 年 1 季度，防城港市金融机构累计向新型农业经营主体发放贷款 9.3 亿元，同比增长 19%。普惠涉农贷款的持续稳定增长有力支持了防城港市"三农"经济发展，2021 年，防城港市农林牧渔业总产值 187.86 亿元，同比增长 6.7%，有效助力了农户生产增收。2021 年，防城港市农村居民人均可支配收入 19031 元，同比增长 10.5%，农村居民人均可支配收入连续多年排名广西前列。

（三）农村基础设施建设贷款增长"快"，助力乡村面貌焕然一"新"

截至 2022 年 3 月末，防城港市金融机构农村基础设施建设贷款余额 49.54 亿元，同比增长 47.98%。其中，农田基础设施建设贷款余额 4.53 亿元，同比增长 141.39%。有力支持了乡村道路建设、高标准农田建设、供水工程改造以及用电网络建设等融资需求，有效解决了农村地区农产品物流运输难、粮食生产供水供电难等问题。2021 年，防城港市建成 6 万亩

高标准农田，灭荒复垦耕地 1.65 万亩，粮食总产量 17.71 万吨，实现"五连丰"，防城港市 3614 个村屯乡村风貌提升全域基本整治任务全部竣工，农村卫生厕所普及率 95.88%，高于全国平均水平。

（四）普惠涉农信贷产品创新"多"，助力农村特色产业发展持续向"好"

截至 2022 年 3 月末，防城港市金融机构推出海、边、山特色涉农信贷创新产品 71 种，贷款余额 72.35 亿元，惠及农村市场主体 1.43 万户，助力农村特色产业持续发展壮大，海水养殖、中药材、糖料蔗、香料等产业蓬勃发展。2021 年，中药材、糖料蔗、水产品分别同比增长 83.3%、7.5% 和 3.9%，建成特色农业示范区 415 个，防城港金鲳鱼、泥丁获国家农产品地理标志登记保护，成功创建广西首个国家级沿海渔港经济区试点，建成广西最大深海抗风浪网箱养殖基地、广西最大进境牛基地。如桂林银行防城港分行专门推出产业富农贷——肉桂八角贷，截至 2022 年 4 月末，共投放 90 笔、1142 万元支持防城港著名的特色农产品肉桂八角产业发展。

2022 年 8 月 18 日，桂林银行东兴支行在防城区扶隆镇第二届八角丰收节开幕式上为扶隆镇玉桂八角产业授信 1 亿元

四、典型意义

防城港市地处中越边境，属于老少边穷地区。通过结合沿边沿海特色，推动建设的数字普惠金融"1234 工程"，具有较强的代表性和创新性，为广西乃至国内其他边境地区推进数字普惠金融支持乡村振兴提供了可复制、可推广的成功经验。目前，防城港的典型经验已复制推广到广西百色、崇左以及黑龙江、内蒙古等其他边境地区口岸城市，获得了各金融管理部门以及各地方政府的高度肯定。🄖

笃行创新
发挥政策性金融优势支持革命老区教育发展
——中国农业发展银行广西靖西支行的实践

中国农业发展银行百色市分行

2021 年是"十四五"开局之年，也是全面推进乡村振兴战略的第一年，为贯彻落实"十四五"规划提出的"全面实施乡村振兴战略、加快农业农村现代化"的政策精神，中国农业发展银行靖西市支行（以下简称农发行靖西支行）充分发挥"当先导、补短板、逆周期"的政策性金融职能作用，聚焦"三农"主业，全力推进城乡一体化建设，持续巩固脱贫攻坚成果同乡村振兴有效衔接，持续发挥政策性金融机构在保障和改善民生、助力乡村振兴战略中的骨干作用，全面推进乡村"产业、人才、文化、生态、组织"五个振兴。

2021 年，农发行靖西支行立足政策性金融定位，加大对重点领域、重点项目的支持力度，年末实现全市贷款余额为 21.7 亿元，较年初净增 7.78 亿元，增长率为 55.84%。其中，投放 3.18 亿元城乡一体化贷款，助力服务乡村振兴战略，提高城市基础设施水平，健全城乡功能配套设施；投放 0.6 亿元健康扶贫贷款，助力提升靖西市基础医疗水平，改善靖西市医疗服务不均衡问题，提高百姓生活质量。

2021 年，为推进城乡融合发展，农发行靖西支行新增了靖西市京师外国语实验学校建设贷款项目，该项目审批金额为 2.5 亿元，截至 2022 年 4 月已累计投放 2.138 亿元。

靖西市京师外国语实验学校全景

一、案例概况

（1）项目名称：靖西市京师外国语实验学校建设项目（以下简称外国语学校或本项目）。

（2）项目承贷主体：靖西市靖晟农村投资有限公司（以下简称靖晟公司）。

（3）项目建设地址：本项目建设地点位于广西壮族自治区靖西市靖东新区。

（4）项目建设内容：本项目规划总用地面积为 326180 平方米（折合489.27 亩），总建筑面积为 137811 平方米，分为综合管理区、小学区、中学区及三个功能区域，配套设置 348 个机动车停车位。建设内容包括土建工程、装饰装修工程、排水工程、电气工程及附属工程（室外配套工程、绿化工程、大门、田径场、围墙、体育运动场等）。

（5）项目运作模式：本项目采取公司自营模式，项目承贷主体为靖西市靖晟农村投资有限公司，公司投入项目资本金，并进行自主融资，以靖晟公司根据租赁协议每年获得的资产租赁收入作为第一还款来源，由广西

靖西市新发展投资集团有限公司为本笔贷款 25000 万元本金及还款期前三年利息提供保证担保。

（6）项目投资规模及资金来源：

投资规模：根据《可研报告》，本项目总投资为 51662.57 万元，其中建筑工程费 41425.73 万元、工程建设其他费用 5734.53 万元、工程预备费 1414.81 万元、建设期利息 3087.5 万元。

资金来源：项目资本金 24862.57 万元，占总投资的 49.82%，由企业自有资金投入；农发行靖西支行贷款 25000 万元，占总投资比例为 51.18%。

二、主要做法

（一）项目背景

《广西教育发展"十三五"规划》指出，要明确促进和规范民办教育发展，多方面给予民办学校更优惠的政策，支持发展一批品牌化、连锁化的教育集团。《靖西市脱贫攻坚"十三五"规划》明确要"大力推进北京师范大学靖西基础教育项目建设"。靖西市京师外国语实验学校建设项目是践行"共同发展 促进教育公平"方针，促进教育事业全面和谐发展的长期需要，是满足区域内更多适龄儿童上学的需要，是解决外来人口"上学难"等民生问题及促进社会和谐的需要，是促进区域经济社会发展的需要，是实现乡村振兴战略的需要，是践行优先发展教育战略的具体行动，符合靖西市当前发展的需求和政策导向，对靖西市改善教育教学条件、提升教学质量具有重要意义，得到了地方政府大力支持。

本项目建设期设定为 3 年，于 2019 年 6 月开工，预计 2022 年 6 月竣工。前期已由母公司使用自有资金投入约 18049.8 万元，学校小学教学楼已完成整体建设并装修完毕，初中教学楼、行政图书楼已完成封顶并进行外墙装修，项目进度约为 30%。受新冠肺炎疫情的影响，企业后需资金筹集难度大，项目推进十分困难。

为推动靖西教育事业快速发展，2021 年 3 月农发行靖西支行正式受理该项目，截至受理调查日，该项目已完成立项、可研报告批复、用地预审、环评批复等行政文件，小学区已基本完成建设，中学区、综合管理区主体正在建设中。

项目开工仪式

（二）项目特点及困难

该项目属于典型的城乡基础设施建设、公共服务产业支持及建设的项目。项目具有涉及面广、社会效益高、资金投入大且资金回笼少的特点。项目设计具有先行性和基础性，与其他周边的项目联合搭配才能最大化发挥其社会效用。项目与其他基础设施建设一样面临相同的融资问题，主要包括：第一，如何保证融资的合规性；第二，如何提高第一还款来源和第二还款来源的保障能力；第三，如何足额落实购买项目土地建设指标的资金及其他农发行不支持部分的配套资金。

（三）解决办法

根据调查结果，农发行靖西支行对项目的具体情况、对借款企业的财务状况进行梳理，为企业提供了具有针对性的融资方案。

一是开展市场化融资，采取公司自营模式，项目承贷主体为靖西市靖晟农村投资有限公司，以公司投入项目资本金，并进行自主融资，避免出现违规举债的情况。

二是推动靖晟公司与北京师范大学授权经营的北京智信乐育投资有限公司签订租赁协议，项目建设成后以资产租赁的形式收取租赁费，并根据租赁协议每年获得的资产租赁收入作为第一还款来源。由广西靖西市新发展投资集团有限公司为本笔贷款 25000 万元本金及还款期前三年利息 3689.98 万元共计 28689.98 万元提供保证担保，且由北京智信乐育公司签订差额补足协议，承诺对借款人履行职责后，还款不足部分进行差额补足，对该项目进行增信，为资金的足额归还提供保障。

三是根据企业实际投入的资金梳理项目建设期间能够获得的所有资金支持，拟定合理的项目资本金额度和项目贷款资金额度。根据地方政府引进北京师范大学时签订的合同，对项目建设的资本来源进行进一步核实，在保证资本金来源规范、合法、符合非债务性资金要求的前提前下进行认定，根据认定结果同比例发放贷款。对于农发行靖西支行贷款不支持的部分，鼓励企业通过资本金支付或采用其他合法渠道进行拍购。

三、成效反响

截至 2022 年 5 月，该项目累计投入资金 42380 万元。项目进度约为项目整体进度的 90%。其中，农发行靖西支行已审批贷款 25000 万元，发放贷款资金 21380 万元，资金已投入项目并全部使用完毕。在农发行靖西支行的支持下，项目一期工程已全部完工并投入使用，二期工程已完成小学食堂主体及装修工作；消防控制室及配电室设备安装完成，正在进行测试；完成中学食堂主体及装修工作；国际部区域正在进行场地平整；10 栋教师宿舍楼已完成主体及内外墙装饰；图书馆外墙抹灰已全部完成，正在进行装饰装修工程；完成大门门卫室及校门区域建设；体育馆已完成主体结构；游泳馆池壁模板安装完成；完成小学、中学区域管网、场坪、绿化等室外配套工程。

农发行广西西区
分行主调查人进行项
目现场调查

根据当前靖西市京师外国语实验学校建成后的招生计划，项目完工可解决5820名学生的入学问题。其中，小学部招生学生人数为1920人，初中部学生人数为2700人，高中部学生人数为1200人。学校已经开始部分招生，截至2022年6月，该项目已经完成招生961人，其中小学502人、初中459人，项目社会效益初见成效。

靖西市外国语实验学校中考动员会现场

四、典型意义

农发行靖西分行在推进项目建设过程中，积极从帮助企业解决困难角度出发，多措并举，推动该项目采取公司自营模式，并创新性地通过靖晟公司自主融资、市属国有企业担保、租赁企业补足差额的方式，既避免了项目业主违规举债问题，又解决了靖西市京师外国语实验学校发展困难问题。

靖西作为国家乡村振兴重点帮扶县、左右江革命老区腹地县、沿边县，对提升教育水平，培养新时代乡村振兴人才的需求强烈。京师外国语实验学校项目，是靖西市立足中长期发展，推进以县城为重要载体的城镇化、推进乡村建设的重大项目。农发行靖西支行坚持"支农为国、立行为民"的宗旨，积极发挥政策性金融职能作用，在扎实做好信贷支持和金融服务中创新思路，为靖西市京师外国语实验学校项目顺利落地作出了重要贡献，对靖西市经济、文化和社会建设作出了重要贡献，同时也为国家乡村振兴重点帮扶县、革命老区、边区和西部地区县域引进域外高质量教育资源提升本地教育发展水平中遇到的融资难题提供了可资借鉴的方案，贡献了靖西智慧。🅖

活"产业"之"地" 引"数字"之"水" 灌"共富"之"田"

——南浔区数字现代化农村建设项目案例

中国农业发展银行

一、案例概况

"南浔贾客舟中市，西塞人家水上耕"中描绘的场景正是自古以来南浔的真实写照，足见这里土地肥沃，人民富庶。浩浩荡荡的京杭运河，在南浔区穿境而过。浙江省湖州市南浔区地处杭嘉湖平原，与太湖比邻相望，拥有特色粮油、精品果蔬、生态湖羊和淡水鱼都四张金名片。为贯彻落实习近平总书记走中国特色社会主义乡村振兴道路、《关于推进农业高新技术产业示范区建设发展的指导意见》、《关于推进农业产业兴旺的十条意见》（湖政办发〔2018〕72号）等党中央及省市政府重要文件精神，近年来南浔区围绕产业集聚、要素集约、技术集成，大力推进全域土地整治与现代农业平台建设，全面实施万家新型农业主体提升、万个景区村庄创建、万家文化礼堂引领、万村善治示范、万元农民收入新增"五万工程"，加快落实乡村振兴的指示要求。

二、主要做法

建设数字化现代农业政策有倾斜、市场有需求、项目有回报，这与中国农业发展银行（以下简称农发行）服务宗旨高度契合，中国农业发展银行湖州分行（以下简称湖州分行）在这个大背景下，结合南浔农业农村不同的资源禀赋予产业特色，探索创新了"农地＋数字种业""农地＋流转经营""农地＋产业导入"信贷模式。

南浔区数字现代化农村建设项目拟打造一个集生产示范、产品展销、种养技术研发、旅游观光等于一体的功能综合性农业技术产业示范基地。项目总用地面积约10120亩，其中10105亩土地通过流转租赁前期全域土地整治后的集中连片土地落实。项目主要建设水产原种良种数字化繁育科研中心、现代渔业科创孵化园、数字化现代渔业园区和数字化蔬菜种植示范基地，同时搭建作物育种信息管理系统与田间数据采集系统，辅助选种育种与农业劳作。项目总投资3.74亿元，其中，农发行湖州分行贷款2.7亿元，期限15年，贷款利率执行五年期以上贷款基础利率（LPR），项目采用公司自营模式运作，由借款人负责土地流转、项目建设、运营并申请贷款。通过建成后产生的各类园区设施租赁费、孵化园出租收入等用于偿还贷款本息，实现项目财务平衡。

一是强种育种，"农地＋数字种业"模式以"种业强"夯实共富基础。2021年南浔区水产养殖面积18.50万亩，水产养殖产量19.76万吨，总产值40亿元，渔业产值超全区农业总产值的50%，当地主要种业为水产种苗，现有苗种生产企业31家，以大口黑鲈、罗氏沼虾、黄颡鱼为主，全区大口黑鲈养殖面积58971亩，总产量达到59560吨；黄颡鱼养殖面积30998亩，总产量45597吨；青虾养殖面积30641亩，总产量达2298吨；青鱼养殖面积10590亩，总产量达到15885吨。因受限于缺乏高新技术，目前全区繁育苗种亲本多来自外省。

湖州分行深入贯彻习近平总书记关于种业的系列重要指示以及党的十九大和十九届二中、三中、四中、五中全会精神，落实中央经济工作会议和中央农村工作会议部署，创新 "农地＋数字种业" 模式，聚焦湖州桑基鱼塘这一全球重要农业遗产，通过本项目水产原种良种数字化繁育科研中心、现代渔业科创孵化园、数字化现代渔业园区建设，推进南浔区水产种业打造 "育繁推一体化" 综合平台，将物联网、互联网等现代信息技术与商业化育种关键环节紧密结合，建立作物育种信息管理系统与田间数据采集系统，围绕新品种培育的实际过程，以性状数据采集和处理分析为核心，以育种过程管理为基础，实现对育种的信息化管理和数据的科学化分析，全面提高育种的管理水平和数据处理能力。同时，通过产业辐射，将先进技术传递到全区苗种企业，稳固种子这一农业发展的根基，夯实共同富裕基础。

二是市场化运作，"农地＋流转经营" 模式以 "收入足" 践行共富誓言。经过一系列的土地整治工作，当地农村土地环境取得了较大改善，在农村经济方面，各地土地农地资源较为丰富，但是因缺乏专业的用地规划与运营，区域内村庄缺乏 "自我造血" 能力的问题仍然比较突出，如何以点带面，实现区域集中开发促进土地流转活用，从而带动农村与农民致富，仍是亟待解决的问题。

湖州分行深入贯彻 "共富" 理念，围绕 "让村民富起来"，创新制定了 "农地＋流转经营" 模式。南浔区数字现代化农村建设项目总用地面积约 10120 亩，其中流转租赁用地 10105 亩。项目建设将通过从土地流转收入、务工收入、股金分红等多个方面大大提高农民收入。首先，农民将土地流转，每年可以稳定取得土地流转收入；其次，农民可以参加公司或合作社的生产劳作，既能得到项目专业人员的技能指导，学到养殖、种植等农业技能，为后期成立专业合作社储备技术人才，又能得到劳动报酬，增加收入；此外，农民在学到必要的农业技能，并见证了农业项目的可观及稳定收益后，可以组织成立相关产业专业合作社，农民通过参股农业专业合作社，可以每年从合作社取得分红收入，进一步提高了农民主人翁意识和获得感。

三是引资引产，"农地＋产业导入" 模式以 "产业新" 探索共富路径。南浔区地势平坦，水源丰富，日光充足，土壤主要是黏沙土壤，酸碱性适

中，极为适合农作物生长，且区内河港纵横交叉，水流缓慢，318国道和长湖申航道并行横贯全境，交通便捷。经过近年来全区开展的全域土地整治工程，当地乡村土地得到整治提升，建成了连片高质的多个"万亩良田"，为后续的农业产业规模化、数字化建设创造了良好的基础，农业现代化的转型升级成为必然趋势。

在农业"大好高"项目引进过程中，农业项目基础设施投入大、成片土地政策处理难度强、投资收回期限长等问题，成为重大项目导入的"瓶颈"。湖州分行依托前期在南浔区支持的多例全域土地整治工程，积极对正在筹建的南浔农高区创新提出"农地＋产业导入"模式。南浔区数字现代化农村建设项目依托连片高质的多个"万亩良田"，探索发展特种水产养殖基地、循环水养殖、精品果蔬生产区等新型生态养殖模式和物联网智慧渔业体系，推进现代渔业产业链、创新链深度融合。项目通过流转租赁全域整治后集中连片的土地，引入社会资本建设水产原种良种数字化繁育科研中心、现代渔业科创孵化园、数字化现代渔业园区和数字化蔬菜种植示范基地等现代农业产业，将打造一个集生产示范、产品展销、种养技术研发、旅游观光等于一体的功能综合性农业技术产业示范基地，为共同富裕样本开辟新途径，在转变农业发展方式上寻求新突破，在促进农民增收上获得新成效。

三、成效反响

在三个"农地＋"创新举措的作用下，南浔区数字现代化农村建设项目取得了巨大进展，并反响强烈。从实践经验可以看出，通过项目建设，促进了当地农村土地流转利用，产业创新发展，充分挖掘了现有资源，优化农村土地格局，真正实现"融资融智"。

依托项目搭建的育种管理系统，能够实现从年度育种计划制订、组合亲本材料选配、田间杂交配组、农艺性状采集和分析的全过程数据采集与管理，为育种工作者提供科学的统计分析数据，辅助育种者提高育种效率。依托田间数据采集系统基于手持移动数据采集终端，实现采集模板定制，方便育种工作者随时随地采集农业性状数据，并通过网络与服务器端进行通信、传输数据，极大提高育种效率。

南浔区数字现代化农村建设项目位于旧馆街道的果蔬高新科技孵化园内
培育种植的蔬菜，通过基地环境监控系统与水肥一体化系统实现无土栽培

2021 年度，南浔全区粮食种植面积 22.22 万亩，粮食年产量 11 余万吨，被评为"全国粮食生产先进县"；水产养殖面积 19 万亩，年产量 17 万吨，居全省首位；湖羊年饲养量 30 万头，居全省第三位，实现农林牧渔产值 52.32 亿元，已成为长三角都市圈的"菜篮子""果盘子""肉盆子""粮袋子"。农村居民人均可支配收入 4.11 万元，城乡居民可支配收入比 1.6：1，为全市最低。先后获得全国绿色种养循环农业试点、全国农民合作社质量提升整县推进试点、全国农业社会化服务创新试点、乡村振兴省政府督查激励等多项荣誉。

目前，湖州分行通过"农地＋"模式，实现了南浔区区位内 40 余个行政村村民齐聚、耕地连片、产业聚堆，进一步优化了农村生产、生活、生态空间布局。

四、典型意义

（一）实现了农村土地资源流动和高效利用

"农地＋"模式在全域土地综合整治"山水林田湖草"的基础上进一

步延伸，是从单一的土地整治走向农用地整理、建设用地整理、农业现代化和乡村生态保护修复的综合工程，即实现乡村的"资源—环境—生态"三位一体的综合整治。在农用地整理方面，集中连片管理耕地，完善配套农用设施，改良耕地土壤，做到增地、优地、节地、活地；在建设用地整理方面，治理人居环境，配齐水电路网，配套相应的文体卫养老设施，做到生产、生活、水平全面提升；在农业水平方面，数字现代化农业改变了传统农业仅专注于土地本身耕作的方式，以高度设施化、智能化、数字化、可视化管控的新型养殖模式，可以将人工投入减少 40% 以上，机械化水平达到 60% 以上，提高饲料利用率 10% 以上，降低病害发生率 15% ~ 20%，实现精准化养殖；真正实现"要素—结构—功能"的全面转型。

（二）拓宽了农村农民创收途径

伴随农业产业结构调整，无力经营或不愿经营土地的农户及时将承包土地流转出去，经营有方、有能力扩大规模的农业经营主体及时获得土地，改变了一家一户分散经营的状况，增强了农业生产的组织化程度，推动了土地的适度规模经营。本项目的建设，将在项目区内形成以绿色和观光旅游为主的技术体系，逐步达到在品种选育、养殖、种植及产品检测等符合国际规范要求，为农民增收创造了良好的基础条件。同时，随着我国城市化进程的加快和生活水平的提高，大城市居民在寻求一种回归自然的生活方式，节假日的增多进一步促进了旅游市场的繁荣，本项目也将成为休闲度假的一个好去处。通过导入生态型特色农业，逐步形成了"一村一品、一乡一业"的专业化、基地化生产模式，涌现出一批特色明显、类型多样、竞争力强的专业村和专业乡镇，使农业产业促进共同富裕蔚然成风。

（三）带动了农村地区多维价值的提升

数字现代化农业改变了传统农业仅专注于土地本身耕作的单一经营思想，同时打造农业与休闲旅游和科普教育相结合的新型产业模式，形成涵盖休闲观光、农事参与、农耕文化、高效农业、民族风情为一体的观光农业。经营主体将先进技术和服务引入乡村，全面提升农业现代化水平，延长农业生产经营链条，实现多元化乡村新业态，助推乡村振兴战略的进程。随着数字现代化农业的萌芽成长，乡村的就业吸引、生态保护、生产增值和文化多样等功能均显著增强。多样化产业的发展带动农业由高产向高质发展，安全、优质、绿色和特色成为农产品发展与追求的新方向，改变传统意义上的人地、居业和城乡关系。

东风洒雨露，汇入天地间。今天的南浔区，正乘着数字现代化农村建设的东风，描绘出万顷良田，荡起万顷碧波。Ⓖ

政银数字化金融合作创新模式助力乡村振兴*

浙江网商银行股份有限公司

一、案例概况

为解决传统模式下的普惠金融面临的地域发展不均衡、覆盖面不足、商业可持续难实现等难题，浙江网商银行股份有限公司（以下简称网商银行）借助多年来积累的互联网技术、数据和风控能力，自主研发的县域数字普惠金融产品，为农民群体提供"3分钟申请，1秒钟放款，0人工干预"的纯信用、无抵押、免担保的数字化信用金融服务。

基于政府在行政行为和公共服务过程中产生的涉农数据，在有安全保障的环境下建立综合信用评估体系，该模式解决了触达难、风控难、授信难、贷款难四大难题以及相伴的成本高和不良率高的难题，来进行精准授信、精准风控。

该模式最初在河南内乡县试点，截至2021年底，网商银行县域数字普惠金融项目已经落地28个省份，全国1000多个涉农县区相继与网商银行合作。陕西、安徽、宁夏三省份涉农县区已经完成数字普惠金融90%以上签约覆盖，达成县域数字普惠金融深度合作。为农村人群提供纯信用、无

---

* 本文所涉及公开数据均上传到公共服务系统由网商银行代为分析。

抵押、免担保的信贷服务，更好地满足农村经营主体的贷款需求，有效破解涉农群体"融资难""融资贵""融资慢"难题。

2021 年，中华农业科教基金会与网商银行签订战略合作备忘录，宣布未来五年，网商银行将为农业农村部评选的"全国十佳农民"提供全年免息贷款，以支持他们的发展

二、主要做法

（一）农村金融面临的困难和挑战

农村金融难，难的是金融机构难以给农民"精准画像"。在依赖银行线下网点及抵押物的传统金融模式下，农村信贷发展缓慢，而农村的数字化发展，加之国家政策的支持，给了数字信贷成长的"土壤"和空间。

发展普惠金融是实现乡村振兴战略的重要板块，也是破解金融供给侧改革"最后一公里"难题的重要"抓手"。农民群体资金需求大多呈现"小金额""短周期""无有效抵押物"的特点，普遍期待能够有符合农民

实际需求且操作简单的金融产品；但传统模式下的普惠金融仍面临地域发展不均衡、覆盖面不足、商业可持续难实现等诸多难题。

一方面，农村的借贷渠道相对城市来说十分有限，其个人征信和企业信用信息也相对匮乏，并且缺乏有效抵押物。另一方面，农村金融机构如银行、农信社、村镇银行、小贷公司等，当它们从城市下沉到农村市场的时候，总会面临高运营成本、低覆盖程度和高风险成本的问题，具体原因依旧是信用信息和有效抵押物的匮乏。因此，在相同运营成本下，相比服务一个借款金额小且信用难以评估的客户，银行更倾向于服务经营信息完备、借款需求更大的企业客户，这就产生了有效供给不足的矛盾，导致了农村金融的融资难和融资贵问题。

（二）网商银行金融服务解决方案

浙江网商银行股份有限公司于 2015 年 6 月 25 日正式开业，是由蚂蚁集团发起，银保监会批准成立的中国首批民营银行之一，以"无微不至"为品牌理念，致力于解决小微企业、个体户、经营性农户等小微群体的金融需求。为践行普惠金融理念，网商银行高度重视服务县域及以下下沉市场，积极服务县域的农户和小微企业，借助多年来积累的互联网技术、数据和风控能力，自主研发的县域数字普惠金融产品，为农民群体提供免担保、无抵押、无人工干预的数字化信用贷款，有效满足农村经营主体的贷款需求，支持农户生产经营。具有"310、纯信用、全天候、秒借还"的特点，实现"3 分钟申请，1 秒钟放款，0 人工干预"的纯信用、无抵押、免担保的金融服务，授信额度最高可至 150 万元，按日计息，随借随还。作为普惠金融的有益补充，网商银行更加关注"空白市场"和"薄弱地带"。

该产品服务的用户群体是县域涉农居民，旨在通过提供方便、快捷、普惠的纯数据化信用贷款，助力广大农民群体发展生产，助力乡村振兴。

2021 年网商银行六周年发布会。成立六年来，网商银行累计信贷用户数超过 4000 万户，其中超过 2000 万户为涉农用户，占比超过一半

（三）网商县域数字普惠金融项目

自 2018 年起，网商银行开始探索与县域政府合作，运用数据化风控取代传统风控方式，通过数字信贷提升县域及农村用户的贷款可得率。

以数据为媒，网商银行把农村的交易、物流、支付等信息形成信用资产，政府则将涉及农户可公开的数据资源，如农村土地确权、种植情况、农业补贴等数据进行共享。运用数字技术，网商银行为县域农户建立专属的数字化风控模型，农村用户就此拥有了更精准的数字画像和更高的数字信贷额度。

该项目最早于河南内乡试点，基于政府在行政行为和公共服务过程中产生的涉农数据，在有安全保障的环境下建立综合信用评估体系，来进行精准授信、精准风控。同时通过对不同区域社会风气、GDP、可支配收入、信贷风险表现等的不同，建立县域风险评价体系，实现精细化的"一县一策"。

通过应用数据模型和授信策略，解决了触达难（传统商业银行没有合适的线上、线下场景接触大量县域农户）、风控难（线下模式难以有效收集县域农户信用数据，难以确认数据真实性）、授信难（风控难进一步导

致了难以作出授信结果)、贷款难(贷前、贷中、贷后线下工作琐碎庞杂,时间和人力成本高)四大难题以及相伴的成本高和不良率高的难题,向农村用户提供了商业可持续金融服务模式,为农村人群提供纯信用、无抵押、免担保的信贷服务,更好地满足农村经营主体的贷款需求,有效破解涉农群体"融资难""融资贵""融资慢"难题。

河南省内乡县是全国第一个与网商银行合作的数字普惠金融试点县。合作4年以来,内乡县累计有近20万农户获得金融授信,实际获得数字贷款金额超过40亿元。作为"第一个吃螃蟹"的人,中共内乡县委书记杨曙光曾表示,"内乡县的签约相当于推倒了'多米诺骨牌'的第一张牌,接下去会有一系列连锁反应"。

自内乡县之后,截至2021年末,全国有1000多个涉农县区相继与网商银行合作,数量已占全国涉农县区总数近一半。

同时,县域数字化普惠金融的发展,也得到了国家部委及省级政府的高度支持。截至2021年末,包括安徽省农业农村厅、四川省农业农村厅、海南省农业农村厅、青海省农业农村厅、江苏省农业农村厅、浙江省农业农村厅、宁夏回族自治区农业农村厅、江西省政务服务管理办公室等省级主管部门已与网商银行达成战略合作,其中陕西省、宁夏回族自治区已经完成数字普惠金融90%以上签约。

宁夏回族自治区农业农村厅与浙江网商银行达成战略合作

青海省农业农村厅与浙江网商银行达成战略合作

三、成效反响

（一）项目特色及创新点

在触达方面，网商银行县域数字普惠金融项目利用了支付宝的数字触达能力，可触达40%～80%的县域农户。

在风控方面，将数据模型算法和策略运用于风险授信决策，县域用户的部分数字守信行为、农业经营数据、个人身份数据可用于大数据风控。

在贷前阶段，网商银行县域数字普惠金融项目通过机器学习、深度神经网络等模型算法建立含有用户多层风险分级的授信模型。

在贷后阶段，网商银行县域数字普惠金融项目对风控策略进行有效性追踪分析，并及时收集、反馈农户的支用和还款信息。

实现贷后有效管理的同时，根据实际业务数据修正授信模型，进一步下探授信准入人群。

（二）项目实施情况及成效

自2018年起，网商银行开始探索与涉农县区政府合作，运用数据化风控取代传统风控方式，通过数字信贷提升县域及农村用户的贷款可得率。以数据为媒，网商银行运用数字技术为县域农户建立专属的数字化风控模

型，农村用户就此拥有了更精准的数字画像和更高的数字信贷额度。

截至 2021 年末，全国超 1000 个涉农县区相继与网商银行合作。合作数量已占全国涉农县区总数近一半。同时，县域数字普惠金融的发展也得到了国家部委及各省级政府的高度支持，截至 2021 年末已与全国 11 个省份有关厅局达成战略合作。其中，陕西省、宁夏回族自治区已基本完成数字普惠金融合作的全覆盖。

预计在未来两年内，与 2000 个涉农县区达成战略合作，通过科技驱动，进一步向供应链开放、向农村开放、向金融机构开放，并且坚持微利、坚持普惠。

四、典型意义

通过创新的政银合作数字普惠金融模式，网商银行成为县域及农村地区金融的有益补充。在全国，1000 多个涉农县区已和网商银行就县域数字普惠金融合作，占全国涉农县区总数的近一半。数据显示，与网商银行合作县区的数字贷款增速要高出县域平均增速，加速了数字信贷在县域和农村的深入覆盖。 Ⓖ

"数智化"改造赋能乡村振兴绿色发展

——江苏银行绿色金融支持兴化市"美丽乡村建设"项目

江苏银行股份有限公司

一、案例概况

（一）案例概述

兴化市是江苏省泰州市辖县级市，位于江苏省中部、长江三角洲北翼，地处江淮之间、里下河地区腹地，是江苏省历史文化名城。兴化是著名的"鱼米之乡"、首批国家全域旅游示范区、国家生态示范区、国家卫生城市、全国百强县、全国环保模范城市，世界四大花海之一的"千岛菜花"闻名遐迩。2019年10月22日，入选2018年全国农村三次产业融合发展先导区创建名单。

兴化是著名的"鱼米之乡"，环境优美，景色秀丽

为实现当地农业的可持续发展、恢复生态环境、增加农民收入，同时打造全域旅游，兴化市政府自 2019 年以来，连续三年推进了"美丽乡村建设"项目。该项目是以生态农业建设为基础，在保护生态环境的前提下，把田、水、路、林、村紧密结合在一起，进行土地综合整治。项目可进一步改善农田生态环境，改善土壤肥力，涵养水土，达到保护生态环境的目的。通过该项目的实施，一方面有利于提高土地利用率和产出率，缓解耕地占补平衡压力；另一方面大大改善了农民居住条件和农业生产条件，提高了土地经营规模化、集约化程度。同时，项目通过数字化、智能化监测技术，建设成"田成方、土成型、渠成网、土壤肥、旱能灌、涝能排、无污染、产量高"的稳产保供高标准良田，较好地实现了"数智化"赋能农业生产。该项目的实施也带动了当地农村剩余劳动力就业，有利于农业增产、农民增收，是名副其实的"富民工程、民心工程"。

江苏银行兴化支行（以下简称兴化支行）在当地及系统内名列前茅，并首发了苏中地区第一笔"乡村振兴债"，始终致力于打造"'三农'特色银行"。该行通过与当地政府和国有企业的紧密合作，连续三年投放兴化市"美丽乡村建设"项目贷款合计 23 亿元，有力支持了兴化地区农业生产条件优化和美丽乡村建设，新增高质量耕地 11497.87 亩，21 个乡镇的农田生态及村居环境大幅改善，所在乡镇农民就业机会和补助收入显著增加，获得了良好的社会效益和环境效益。

（二）项目概况

1. 项目名称

兴化市"美丽乡村建设"项目。

2. 项目融资主体、金额及期限

本项目融资主体为兴化市城发基础设施开发有限公司，项目总投资额 91447.75 万元，其中项目资本金 21447.75 万元、项目融资金额 70000 万元，期限 3 年。

3. 项目还款方式

本项目还款来源为纳入预算的政府采购资金，由兴化市城市建设投资有限公司提供保证担保、由兴化市交通产业投资有限公司提供债务加入并落实该项目的应收账款质押担保。

二、主要做法

（一）品牌创新

江苏银行兴化支行通过连续三年"美丽乡村建设"项目贷款的投放，在兴化金融市场形成了江苏银行独有的"美丽乡村建设贷款"品牌。

（二）交易结构创新

该项目新增的耕地指标可调剂给其他地区，为项目带来土地指标增减挂钩财政收入。考虑财政收支两条线及政府隐性债务的政策红线，兴化支行及时向上级行及财政部驻江苏省专员办征询意见，创新性地明确了由纳入财政预算的政府采购资金作为项目还款来源，确保该项目贷款符合当前各项政策要求。

（三）通过土地综合治理，促进农业现代化

该项目是以生态农业建设为基础，在保护生态环境的前提下，把田、水、路、林、村紧密结合在一起，进行土地综合整治。该项目的实施，提高了土地经营规模化、集约化、机械化程度，促进了土地资源的可持续利用。同时，能够扩大农村剩余劳动力就业，提高农业产量，增加农民收入，有利于社会的稳定，是名副其实的"富民工程、民心工程"。

美丽乡村建设新增高标准农田

（四）通过美丽乡村建设，改善农村居住环境

该项目通过对农村老旧危房的拆迁改造，以及农民集中安置、农村配套公共设施建设，大大改善了兴化地区农村生态环境及农民居住环境。

三、项目成效

通过本项目的实施，可新增高质量耕地面积 3083.51 亩，区域农业年增长经济效益超过 1000 万元；政府通过土地市场招拍挂，可获得土地经济收益 12.18 亿元；同时，实施项目规划完成后，可增加当地税收、适度提高当地农民的经济补贴和农民就业方面有很多促进作用，同时项目实施节余耕地 3083.51 亩，也可增加一部分经济收益。按规定标准新增的耕地，可提高土地的产出量，每亩耕地生产成本减少，人均产量增加，农户的生产生活条件均得到极大改善。

得益于兴化支行绿色信贷资金的及时注入，近三年，兴化全市新增土地耕地面积 15800 亩，种养殖规模化效应凸显，农村拆迁户集体化安置，改善了原本散落农户的居住环境，规整了原本荒废的房舍，美化了村庄建设，兴化全市各个乡镇新农村建设的成果可圈可点，千垛镇东罗村、海南镇刘泽村成了全国闻名的网红打卡点。陶庄镇内 8 条河道的疏浚清淤、河道圩坝加固、水面治理、水边栈道、亲水平台、岸边绿化、健康步道等工程是兴化支行支持的项目贷款，项目完成后将在水边建成栈道588米、亲水平台2280平方米，新增岸边绿化18500平方米、健康步道46200米，同时配置休闲座椅和垃圾桶等设施，农村人也可像城里人一样有了饭后散步休闲的好去处。这些都是江苏银行总分支行多级联动，绿色金融支持乡村振兴工作的典型成果。

数智化改造赋能乡村振兴绿色发展

四、典型意义

（一）通过产品创新，促进政银企三方合作

为实现当地农业的可持续发展、恢复生态环境、增加农民收入，同时打造全域旅游，"美丽乡村建设"项目成为兴化市政府及有关部门近几年的重要工作任务。兴化市城发基础设施开发有限公司作为市政府出资设立的重要市场化运营企业，成功中标了该项目的建设实施。江苏银行通过产品创新，将纳入财政预算的政府采购资金作为还款来源，成功避免了政府隐性债务红线，解决了企业项目建设资金问题。

（二）通过项目建设，带来经济、社会、生态效益三丰收

1. 经济效益

（1）直接经济效益。通过综合治理新增高质量耕地面积3083.51亩，

——全国数字经济助力乡村振兴优秀案例

区域农业年增长经济效益超过 1000 万元；政府通过土地市场招拍挂，可获得土地经济收益 12.18 亿元。

（2）间接经济效益。实施项目规划完成后，可增加当地税收、适度提高当地农民的经济补贴和农民就业方面有很大促进作用，同时项目实施节余耕地 3083.51 亩，也可增加一部分经济收益。按规定标准新增的耕地，可提高土地的产出量，生产生活条件均得到极大改善，每亩耕地生产成本减少，人均产量增加。

2. 社会效益

（1）按土地利用总体规划，通过对山、水、田、林、路、村综合整治，提高耕地质量，增加有效耕地面积，改善农业生产条件和生态环境。

（2）通过改造，土地耕作面积扩大了 3083.51 亩。这对实现兴化市耕地总量动态平衡起到了保证作用，并有效缓解了耕地总量动态平衡的压力，极大地提高了土地利用率和产出率，确保土地可持续利用和发展。

（3）该项目一方面优化了当地农业用地结构，局部调整了利用格局；另一方面大量增加了高标准农田，适应了现代化大农业生产的需要。

（4）该项目提高了农民收入，安置了剩余劳动力，为农业劳动力提供了劳动就业机会，对政府负担、社会稳定都将产生较大的作用。

（5）该项目极大改善了农民居住条件和农业生产条件，提高了土地经营规模化和集约化程度，有利于促进土地资源的可持续利用。

（6）该项目加快了社会主义新农村建设步伐，促进了农业现代化建设，是我国数字乡村建设的良好实践。高标准农田建设的技术赋能，综合应用互联网、智能控制、智能决策、精准农业、卫星遥感等现代信息技术，为农业插上科技"翅膀"。

综上所述，通过该项目的实施，改善了农村环境，促进了农村精神文明建设和农民文化素质的提高，有利于农村社会的长治久安和全面发展。

3. 生态效益

（1）通过实施城镇建设用地增加与农村建设用地减少相挂钩试点工作，沿项目区田间道，建立起农田防护林体系，同时提高植被覆盖率，可以起到调节气温、净化空气、美化环境的作用，土地利用结构的优化加强了水土保持，建设用地和农业用地面积动态平衡，极大地减小了农民为私自扩大耕地面积而盲目破坏土地植被和天然鱼塘的可能，保证了项目区内生态环境进行良性循环，形成路林网带和现代化新村格局。

（2）此次城镇建设用地增加与农村建设用地减少相挂钩工作是按"促进土地资源合理配置和土地利用结构优化、促进节约集约用地和城乡统筹发展，改善城乡居民的生产生活条件，推进小城镇健康发展"的目标进行建设的。项目建成后，将成为一道新的农田景观，为发展"观光农业"打下良好基础。同时，结合新农村建设，对调节区域内的光、热、水、土资源具有显著效果，使原来低效能的生态系统呈现出良性循环，建立平衡的农业生态系统。并在此基础上，提高农民的生产生活条件，推进小城镇的生态环境健康发展。Ⓖ

拥抱数字金融　助力乡村振兴

湖南浏阳农村商业银行股份有限公司

一、案例概况

实施乡村振兴战略，是党的十九大作出的重大决策部署，也是新时代"三农"工作的新旗帜和总抓手。一直以来，湖南浏阳农村商业银行股份有限公司（以下简称浏阳农商银行）坚持"靠做小定位、靠客户支撑、靠文化引领"的战略定位，坚定不移走普惠金融发展之路，将金融服务融入地方经济发展大格局、乡村振兴大战略和乡村基层治理大体系中，全面提升服务效率和水平，让老百姓充分享有金融发展权。为全面提升普惠信息采集成果转化为基础客户的工作实效，浏阳农商银行采取"线下走访＋线上放贷"模式，在线下完成客户大走访和普惠金融评级授信流程，在线上依托于福祥E贷平台，研发"惠农快贷"专属产品，实现小额客户的申请、签约、放款、还款全流程线上自助办理，全面提升普惠金融数字化服务能力，实现服务场景的线上线下融合，全面优化客户体验，解决乡村振兴战略实施过程中的资金短板，通过"小业务"实现"大规模"，通过"小贷款"发挥"大作用"。

二、主要做法

以整村授信为抓手，通过引进互联网金融技术，推动整村授信迭代升级。

1. 推行整村授信 1.0 版——农民致富的绿卡

2002 年底，浏阳农信联社对全市 26.7 万农户进行了评级授信，占辖内农户总数的 86%，普惠金融在浏阳的大地上先行先试。同时，浏阳农信联社被中国人民银行武汉分行确立为辖内三省推广农户小额信用贷款的示范点，并被中国人民银行总行授予"全国农村信用社支农先进单位"称号。从此以后，在浏阳全市范围内，手持农户贷款证的农民到信用社贷款，不需要托关系、找熟人，不用往返周折，"春放、秋收、冬不贷"的传统农贷方式也成为历史，农户小额信用贷款成为农民致富的绿卡，更成为浏阳农商银行光彩熠熠的一张金融名片。

2. 推行整村授信 2.0 版——"四位一体"评级授信

2008 年 4 月，该行在社港支行开展小额信用贷款评级授信试点工作，摸索总结出"政府主导、银行联动、村组推进、农民参与"的"四位一体"小额农户信用贷款评级授信新机制，在浏阳全市各行政村均建立有一套农户信用档案，小额信用贷款就像取存款一样方便。2009 年"农户小额贷款评级授信"被评为当年浏阳人民最满意的十件事之一，农户小额信用贷款成为浏阳人民家喻户晓的"明星"金融产品。2021 年，该行调高了小额农贷授信额度，最高可授信 30 万元。同时，针对个体工商户、家庭农场、种养大户、专业合作社和农业加工企业等新型农业经营主体，推出了家庭众创贷产品。截至 2022 年 12 月末，小额农贷评级授信 29.62 万户，评级授信率达 93.11%，授信金额 288.6 亿元，对授信农户颁发《电子农户贷款证》，全年累计投放小额农户信用贷款 82.65 亿元。

3. 推行整村授信 3.0 版——精慧信贷系统

2019 年 7 月，以"四位一体"整村授信为载体，通过引入大数据技术，将农户信息录入该行精慧信贷系统，实现农户信息的数据化、移动化、智能化管理。

精慧信贷系统是以该行小额农贷、小额商贷、中小企业信贷成熟模式和优秀做法经验为基础，融合电子化数据采集、大数据等现代信息技术研发的适应小额农贷、小额商贷、中小企业信贷特点的信贷辅助决策与智能管理系统。

精慧信贷系统采集要素构建了覆盖全市的农户电子信息档案。浏阳农商银行利用精慧信贷系统共对全市 32 万农户进行数据采集，累计采集农户信息 30.8 万户，采集率达 97%。

4. 推行整村授信 4.0 版——惠农快贷

惠农快贷的推出，受到了支行和客户的普遍欢迎。惠农快贷实现农户线上申贷、办贷和放贷，既方便了客户，又解放了客户经理。截至 2022 年 12 月末，浏阳农商银行共计组织开展了 5 次全面评级授信，其间还有不定期的信息采集行动以及集中年审活动。一是实现了小额农户信用贷款授信结果的批量导入，无须逐户组织纸质资料，减轻了客户经理工作负担，逐步普及后为"金融村官"走访挤出了时间。原来办理一笔贷款至少要 1 个小时，现在无特别状况可以在十几分钟内解决。二是信贷流程线上化，自动保存客户资料电子档，档案管理更规范。三是客户体验最优化，无感授信、有感反馈、线上签约、按需用信，特别是第一次完成签约后的放款手续简单、快捷，年轻客户完全可以自主完成签约放款；年龄大的客户，第一次签约放款需要客户经理指导操作，以后的放款也完全可以自主操作，受到客户普遍欢迎。四是有效缩短了与大行快贷产品的差距，在适应市场竞争、贴近客户需求、强化小额贷款管理、优化客户服务等方面产生了积极效果。

2021 年 9 月，浏阳农商银行推出惠农快贷产品，走村下户帮助农户解决资金困难

"金融村官"深入田间地头，为农户提供金融服务，助力乡村振兴

三、成效反响

一是业务发展呈现"好"的势头。截至 2022 年 12 月末，浏阳农商银行各项存款达 461 亿元，各项贷款达 304.17 亿元，位列中国银行业协会 2021 年商业银行稳健发展能力"陀螺"评价体系县域农商银行第七。二是客户基础呈现"牢"的特征。截至 2022 年 12 月末，户额 50 万元以内的存款客户数占比 99.20%；户额 50 万元以内的贷款客户数占比 92.56%，户均贷款余额仅为 29 万元，93% 以上的浏阳本土家庭与该行有业务往来，91% 的农户在该行建立评级授信档案。三是队伍作风呈现"实"的亮点。通过整村授信不断迭代升级，促推该行员工走出去、沉下去、融进去，赢得了群众的好口碑，也让员工沉淀了实干的作风。四是社会形象呈现"优"的风貌。该行派出 265 名"金融村官"、295 名"金融村官"助理联系全市各个村（社区），扎实推行"金融村官"走访全覆盖、员工全参与、活动全连接、服务全融入、考核全挂钩"五个全"工作法，全力打造"金融村官"品牌。"金融村官"工作得到了《中国农村金融》《湖南日报》等国家及省、市媒体专访，被写入浏阳市政府工作报告，"有困难找'金融村官'"真正成为浏阳人民的口头禅。

"金融村官"与种植户面对面沟通，分析问题、了解需求

"金融村官"走访了解养殖户扩大产业规模情况，帮助解决融资需求

四、典型意义

（一）围绕一个中心，以数字转型赋能普惠金融

以"足额、快捷、实惠"为中心，通过"线下授信＋线上用信"的方式，推出"惠农快贷"，将农户小额信用贷款最高授信额由 10 万元提高至 30 万元，结合家庭众创贷对每个家庭的最高授信额度可以达到 50 万元，提升了办贷效率，降低了客户融资成本，有效解决了"走访成果转化率偏低，传统产品客户体验不佳"等问题。截至 2022 年 12 月末，该行"惠农

快贷"有效签户为 27565 户，授信金额 36.25 亿元，其中，用信户数 22471 户，用信金额 23.94 亿元，首贷户 3050 户。

（二）抓好两个"关键"，以机制约束实现风险可控

一是抓好客户准入。"惠农快贷"是以浏阳农商银行线下评级授信结果为依据的快贷产品，因此，必须要严格把握好线下授信风险。在此基础上，"惠农快贷"还引入了二次风控准入，包括行内强规则、行内黑名单规则、行内反欺诈规则及征信强规则，从源头上管控住了风险。二是抓好审批环节。严禁混岗串岗，明确责任到人，"惠农快贷"白名单严格按照"客户经理导入、风险经理审核、支行行长审批"的流程，凭支行集体讨论审批的《"惠农快贷"客户白名单导入审批表》导入系统，留存纸质审批表备查，客户经理未经审批导入白名单，一律视为违规发放贷款处理。三是管好两个纸质资料。授信环节的纸质资料和审批环节的导入表作为重要授信档案，由风险经理负责归档保管。

（三）聚焦三类群体，以精准挖潜实现拓户扩面

根据试点村人口普查数据，结合浏阳农商银行精慧信贷客户信息库，筛选出三种类型的客户名单：一是小额农贷评级授信的户主；二是家庭众创贷拟授信的准户主（即未单独立户的已婚对象）；三是小额消费信贷潜力客户（即 18~30 周岁的未婚青年）。之后，通过七星贷前风险监测平台对这三类客户名单进行初查，再根据客户不良嗜好、日常风评等"软信息"进行人工复查，最终形成"黑名单"。在排除"黑名单"客户后，留存客户均按《农户小额信用贷款评级授信管理办法》《家庭众创贷管理办法》进行授信。通过"拉网式"的筛选方法，该行可以把农户小额信用贷款户主以外的"长尾客户"纳入授信范围，培育新兴客户群体，实现拓户扩面的目标。

（四）突出"四化"特色，以流程革命推动服务提速

一是突出"快速化"。采取批量导入的方式，建立客户白名单，精简

信贷流程。在"惠农快贷"推出以后，一笔农户小额信用贷款的办理时间由原来的1小时节省至10多分钟，大大地提升了工作效率。二是突出"线上化"。白名单客户可以直接在线上办理贷款申请、签约、放款、还款等业务，无须前往支行网点，极大节约了客户时间成本。三是突出"无纸化"。"惠农快贷"可以自动生成客户的电子信息档案，将信贷资料从纸质转化为电子资料。从此之后，客户经理无须逐户撰写纸质资料，办贷效率显著提升。四是突出"最优化"。通过"无感授信、有感反馈、线上签约、按需用信"的流程，年轻客户可以实现自主签约放款，年长的客户也可以快速掌握使用方法。根据运行情况来看，客户普遍反映"惠农快贷"操作简单，方便好用，体验度得到"最优化"。**G**

长沙银行数字普惠金融助力乡村振兴
"呼啦快贷"实现支农快服务

长沙银行股份有限公司

长沙银行股份有限公司（以下简称长沙银行）作为湖南省最大的地方法人金融机构，在"三农"金融服务上坚决响应政府号召，全面支持国家乡村振兴战略。为了更好地服务"三农"客户群，助推乡村振兴战略进一步发展，长沙银行大力推进数字普惠金融在农业领域的应用，通过对线上产品——"呼啦快贷"的不断迭代升级，使产品不断下沉，主动将"三农"客户纳入授信主体范围，最终达到普惠金融助力乡村振兴的目标。

一、案例概况

位于株洲市渌口区龙门镇的株洲县腾飞种养殖农民专业合作社是株洲市农民专业合作社的示范社，主要从事生猪养殖。由于临时需要资金周转，有一笔小额贷款需求，但是因无符合银行要求的抵质押品，一直没有申请到贷款。长沙银行客户经理在了解到该客户需求后，主动向该合作社的法定代表人介绍了长沙银行"呼啦快贷"业务。申请人（法人）进入长沙银行的微信呼啦公众号后，点击呼啦快贷的申请页面，在填写完基本信息资料，上传了其法人身份证以及合作社的营业执照后，点击提交申请。

不到半个小时，申请人就收到了授信成功的短信通知。之后，长沙银行客户经理又细心地指导申请人通过该行手机 App 进行线上授信合同的签订。在签订完成合同后，通过手机 App 申请贷款，仅仅 5 分钟，申请人便收到了贷款到账的短信通知。在收到短信的那一刻，申请人表示："没想到这么快贷款就到账了，你们这个贷款真的好方便，帮我解决了临时资金周转的大忙了。"

客户生产经营情况

客户荣誉

二、主要做法

"呼啦快贷"是一款基于大数据模型，结合客户资金流水分析及线上风控手段推出的一款专门针对中小企业主及个体工商户业主打造的线上个人经营性贷款，具有授信期限长、申请方式便捷以及还款方式灵活的特点。

授信期限长，是指"呼啦快贷"授信期限最长达到三年，在授信期间客户可以随时提款，满足了客户在较长时间内资金需求短、频、快的特点。申请方式便捷，"呼啦快贷"通过线上申请，客户可以通过微信以及长沙银行手机 App 进行线上申请，无须提供任何纸质资料，随时随地进行贷款申请。还款方式灵活，"呼啦快贷"支持随借随还，客户可以根据自身资金需求进行资金的合理安排。

"呼啦快贷"经过迭代升级后，将农业生产（包括农、林、牧、渔生产和农田建设）及与农业生产直接相关的产业融合项目（指县域范围内，向农业生产者提供农资、农技、农机，农产品收购、仓储保鲜、销售、初加工，以及农业新业态等服务的项目）均纳入了授信范围之内。突出了长沙银行对于"三农"客户群不断加大金融服务、响应政府支持乡村振兴的目标。而"呼啦快贷"单户授信金额在 50 万元以内，为纯信用贷款，也体现了长沙银行践行普惠金融普及天下、惠及民生的宗旨。

"呼啦快贷"最主要的创新举措以及特色做法主要包括以下两个方面。

1. 运用数字技术，从申请到放款实现纯线上办理，高效、便捷、快速

"呼啦快贷"最大的创新举措是贷款从申请到发放实现了纯线上办理，大大提高了审批时效，解决了传统贷款模式需要提供大量纸质资料、审批耗费时间长的痛点。

客户可以通过微信长沙银行呼啦或者登录长沙银行手机 App，或扫码申请"呼啦快贷"。进入申请页面后，填入相关个人信息、贷款申请金额并上传个人身份证、公司营业执照，完成相关授权后，即可提交贷款申请。申请提交之后，系统会根据申请人提交的数据进行大数据匹配和抓

取,确定客户是否符合长沙银行准入标准。若通过长沙银行准入标准后,系统会计算出相应的授信额度。客户审批通过后,即可线上签约激活额度。在申请贷款时,仅需完成线上贷款合同的签订,即可实现资金快速到账。从客户申请到贷款发放,整个流程最快数分钟内即可将贷款资金到账。

通过导入数字化模型,实现了从申请到审批再到放款全线上流程办理。由于农业生产的特殊性,部分客户生产经营地区交通不便、距离银行营业网点距离较远,导致获取信贷信息难度较大、获取信贷成本较高、审批时间较长。银行方面也无法及时获取客户需求,最终导致需求错配,无法实现普惠金融惠及所需、支农贷款为农所用的目标。

而通过数字化大数据的方式,破除了传统农业贷款申请难、审批时间长的难点。客户仅需通过手机点击微信公众号或长沙银行 App 的相关链接,填入相关信息后即可获取贷款额度,免去了以往贷款需要准备大量的资料、需要去各个单位开具相关证明的环节。既为客户提供了高效、便捷获取融资申请的渠道,为客户节省了时间和精力,也为客户降低了融资成本。同时银行也节省了营销获客的成本,提高了工作效率。并且通过运用数字技术,可以对客户进行精确筛选,确认客户身份的真实性,降低操作风险。

2. 主动将"三农"客户客群纳入授信范围

传统模式下,银行的大数据的基础信息基本局限在城市范围,"三农"客户群很容易成为被大数据化边缘的客户群。在数字经济浪潮的背景下,长沙银行不断深化金融科技发展战略,积极开展小微信贷创新,主动拥抱在数字化金融科技下容易被边缘化的"三农"客户群,对其开展金融支持、金融服务。通过调整准入模型,主动将"三农"客户群纳入了"呼啦快贷"的服务对象。运用客户银行流水、外部征信、存量贷款数据、纳税金额、开票金额等数据对客户实际经营情况通过数据进行分析,使贷款更加贴近、符合"三农"客户群的真实需求,使"三农"客户群客户更加切实地感受到长沙银行所带来的金融获得感。

长沙银行对"三农"客户进行"呼啦快贷"走访

三、成效反响

通过"呼啦快贷"数字化产品的升级,将"三农"客户群纳入授信群体,有效提升了长沙银行"三农"普惠贷款的发放速率,提高了"三农"客户群的金融获得感,同时也解决和克服了以下三个问题。

1. 解决了农业生产与贷款期限不匹配的问题

农业生产具有周期性、季节性及地域性的特点,农业信贷还具有临时性、金额小、频率高的特征。而传统信贷基本采取的都是按年发放、单笔金额较大的模式,因此传统的信贷模式很难与农业信贷实现精准匹配。而"呼啦快贷"则是通过采取最长三年循环授信、贷款可以随借随还的模式,很好地解决了农业生产及农业信贷与传统信贷不匹配的难点。客户可以在需要资金的春耕时节或购买化肥、饲料时临时支用贷款,待秋收或养殖的牲畜出栏时及时将贷款归还即可。不仅提高了资金的利用效率,还节约了资金成本。

2. 克服了传统贷款模式时间长的问题

传统农业信贷模式最大的难点是信贷审批时间长。由于农业客户的抗

风险能力相对较弱，导致在审批环节中审批人员相对较为谨慎；而通过引入担保公司的情况下，需要通过银行以及担保公司双重现场尽职调查，因此导致贷款整体审批时效性较差，整个贷款流程从申请到最终放款平均时间接近一个月。而通过数字化科技金融，引入大数据分析，实现系统自动分析、审批，对客户资质给予授信额度的精准匹配，大大缩短了贷款的审批时间，大幅提升了效率，贷款从申请至放款的时间最快仅需 1 个工作日。在提升了客户体验感的同时，也减轻了审查审批人员的负担。

3. 解决了客户缺乏传统担保品的问题

"呼啦快贷"是一款通过利用大数据信息，分析客户的风险点，对客户实现精准匹配授信额度的纯信用贷款。解决了传统涉农贷款最大的问题——"三农"客户缺乏符合银行要求的抵质押品的痛点。

传统信贷中，银行一般均会要求贷款申请客户提供相应的抵质押品作为风险缓释。其抵质押物一般为商品住宅、股权等流动性较强的标准化抵质押品。而"三农"客户群一般所能提供的抵质押品为生物资产、农村住房等流动性较差的非标准化抵质押品，一般很难符合银行的信贷条件，这也是导致传统金融很难满足"三农"客户的融资需求的重要原因之一。

而长沙银行"呼啦快贷"通过接入大数据后，利用大数据分析客户的资金需求程度和风险水平，基于其收入及其自身信用来精准给予授信额度。摆脱了传统依靠抵质押物进行风险缓释的模式，也解决了"三农"客户缺乏传统担保品的这一涉农贷款中长期困扰银行的难题。

截至 2022 年 6 月 30 日，长沙银行"呼啦快贷"已经累计服务客户超过 4.7 万户，累计投放金额超过 110 亿元，贷款余额超过 39 亿元。有效地满足了包括"三农"客户群在内的中小微企业主及个体经营户的资金需求。

四、典型意义

通过推动数字化普惠金融的推广，支持农业发展，服务"三农"客户群，其意义可以从微观角度和宏观角度来看。

从微观角度来看，主要实现了两点意义：一是从银行方面来看，通过推动数字化普惠金融，在提高了审批效率、加大了贷款投放的同时，扩大了客户范围和来源，节省了获客成本，提高了自身的收益；二是从客户的角度来看，客户节约了贷款办理所耗费的时间和精力，能够更加快速地获得贷款资金，并且贷款资金可以根据其生产需求合理支配。客户不仅能够将更多的时间精力用在扩大生产经营之上，还能最大效率地对资金进行使用，节约了资金成本，提高了收入。

从宏观角度来看，推动数字化普惠金融支持"三农"客户群是落实国家乡村振兴战略的重要方式之一。通过金融服务"三农"客户群，为"三农"客户群提供资金支持，通过对农田进行改良提质、引入优势农业品种、扩大种养殖规模，有效提升了农业生产规模，提高了农产品质量。在促进农民增收、实现共同富裕的同时，也是维护我国粮食安全的重要举措；并且推动数字化普惠金融也是践行落实国家普惠金融政策、巩固脱贫攻坚成果的重要体现，真正实现了将普惠金融普及天下、惠及大众的初衷。

通过"呼啦快贷"业务的升级，将"三农"客户群纳入授信范围，对长沙银行进一步改进、研发针对"三农"客户群的数字化普惠金融具有重要的意义。未来长沙银行将推出更多服务"三农"客户群的数字化普惠金融产品，为"三农"客户提供更加优质、便捷的金融服务，助力乡村振兴战略取得最终成功，推动普惠金融惠及万家。ⓖ

第四部分

证券公司和期货公司

助力国家战略　打造"乡村振兴第一券商"

申万宏源证券有限公司

一、案例概况

（一）全国首单乡村振兴项目收益专项公司债券——21 宁旅 01

2021 年 10 月 28 日，由申万宏源证券有限公司（以下简称申万宏源证券）独家主承销的全国首单乡村振兴项目收益专项公司债券、江苏省首单乡村振兴公司债券——"南京江宁旅游产业集团有限公司 2021 年面向专业投资者非公开发行乡村振兴项目收益专项公司债券（第一期）"成功发行。本期债券募集资金 10 亿元，全部用于南京美丽乡村建设——江宁示范区的相关项目。

2017 年《中共中央 国务院关于深入推进农业供给侧结构性改革 加快培育农业农村发展新动能的若干意见》（2017 年中央一号文件）指出，要深入推进农业供给侧结构性改革，加快培育农业农村发展新功能。大力发展乡村休闲旅游产业，充分发挥乡村各类物质与非物质资源富集的独特优势，利用"旅游＋""生态＋"等模式，推进农业、林业与旅游、教育、文化、康养等产业深度融合，丰富乡村旅游业态和产品，打造各类主题乡村旅游目的地和精品线路，发展富有乡村特色的民宿和养生养老基地。鼓励多渠道筹集建设资金，大力改善休闲农业、乡村旅游、森林康养公共服务设施条件。

为贯彻中央决策部署,江苏省、南京市和江宁区三级政府分别出台政策文件,推动建设美丽乡村。其中,南京市江宁区人民政府下发《"美丽乡村·美丽中国江宁示范区"规划工作方案》,明确债券发行人南京江宁旅游产业集团有限公司(以下简称江宁旅游)为"美丽乡村·美丽中国江宁示范区"的实施主体。

江苏省特色田园乡村、水美村庄
——南京江宁区湖熟街道和平社区钱家渡特色田园乡村

江宁旅游作为江宁区美丽乡村建设的主力军、排头兵,按照"产业兴旺、生态宜居、乡风文明、治理有效、生活富裕"的乡村振兴总要求,结合当地实际特点,打造了一系列美丽乡村建设项目。其中本次募集资金投资的项目获得了一系列荣誉称号:龙乡·双范精品民宿村先后获得了南京市委、市政府颁发的"南京美丽乡村示范村""南京美丽乡村特色村"等多项荣誉;黄龙茶文化小镇打造以茶文化展示为主题的旅游村,获"中国最美休闲乡村""中国美丽乡村百佳范例""全国乡村旅游重点村"等众多荣誉称号;南京市江宁区湖熟街道和平社区钱家渡特色田园乡村在江苏省水利厅 2018 年度"水美乡村"建设评选中获得了"水美村庄"的荣誉称号，并在江苏省特色田园乡村建设工作联席会议公布的全省第二批次特色田园乡村名单中被命名为"江苏省特色田园乡村"。

南京江宁旅游产业集团有限公司发来的贺信

随着募集资金投资项目逐步投入运营和各项配套设施的完善，江宁区未来将进一步吸引并覆盖江苏本地南京、苏南城市及上海、安徽等周边地区的客户人群，对于推动美丽乡村建设和乡村生态旅游发展、贯彻落实乡村振兴战略具有积极意义。

（二）西部地区首单乡村振兴专项公司债券——21宣汉V1

2021年10月29日，由申万宏源证券担任独家主承销商的西部地区首单乡村振兴专项公司债券——"宣汉县城乡建设发展有限公司2021年非公开发行乡村振兴专项公司债券（第一期）"成功发行。本期债券募集资金7亿元，其中不低于70%用于乡村振兴领域。

为切实做好脱贫攻坚到乡村振兴的衔接工作，2020年12月中共中央、国务院印发《关于实现巩固拓展脱贫攻坚成果同乡村振兴有效衔接的意见》（以下简称《意见》），为进一步巩固拓展脱贫攻坚成果，接续推动脱贫地区发展和乡村全面振兴指明了方向。《意见》明确要求"贫困地区脱贫攻坚目标任务完成后，设立5年过渡期，做好平稳过渡""加强脱贫攻坚与乡村振兴政策有效衔接""持续改善脱贫地区基础设施条件，进一步提升脱贫地区公共服务水平"。

西部地区首单乡村振兴债——宣汉城建 2021 乡村振兴债发行簿记现场

"21 宣汉 V1"发行人宣汉县城乡建设发展有限公司（以下简称宣汉城建）的注册地宣汉县作为国家扶贫开发工作重点县，于 2021 年 2 月完成国家脱贫工作验收，实现贫困县整体"脱贫摘帽"。本期债券募集资金主要用于支持宣汉县各乡镇尤其是重点建档立卡贫困乡镇脱贫后的乡村基础设施建设和完善，致力于"把好钢用在刀刃上"，快速提升脱贫地区公共服务水平，进一步推进脱贫攻坚工作和乡村振兴工作有效衔接。

上述项目的建设运营，可明显改善宣汉县乡镇居民的生活生产条件，有效提升乡镇居民的生活质量，提高宣汉县的城镇化水平，进一步吸引产业聚集，从而促进脱贫地区向小康社会的全面发展。

（三）河南省首单乡村振兴专项公司债券——21 驻投 V1、21 驻投 V2

2021 年 11 月 30 日，河南省首单乡村振兴专项公司债券——"驻马店城乡建设投资集团有限公司非公开发行 2021 年乡村振兴专项公司债券（第一期）"成功发行。本期债券品种一募集资金 5 亿元，品种二募集资金 2 亿元，全部用于乡村振兴相关公路建设项目。

2021 年 5 月，交通运输部《关于巩固拓展交通运输脱贫攻坚成果全面推进乡村振兴的实施意见》（以下简称《实施意见》）中提出：发展农村交通是乡村振兴的先决条件，更是加快建设交通强国的重要内容和应有之义。《实施意见》要求，推进农村交通高质量发展，全面支撑乡村振兴战略实施，突出交通运输在国民经济中的基础性、先导性、战略性和服务性作用。围绕乡村振兴战略"20 字方针"总要求，从建管养运和行业治理等方面提出支撑保障乡村振兴战略实施的主要任务，具体包括：推动路网提档升级，支撑乡村产业兴旺；改善农村交通环境，服务乡村生态宜居；提升运输服务供给，助推乡村生活富裕；强化管理养护升级，提升高效治理能力；加强组织文化建设，助推乡风文明提升。

国道 328 线升级改建加宽工程项目施工现场

驻马店境内有三条重要的交通道路，分别为国道 107 线、国道 328 线和省道 330 线。其中，国道 107 线在驻马店境内纵贯西平县、遂平县、驻马店市、确山县，是一条重要的交通运输大通道，承担着过境交通的主要任务。随着沿线经济的快速发展，遂平县、驻马店市及确山县城市规模框架逐渐拉大，沿线镇区路段街道化严重，严重影响通道内交通运输效率。

国道 328 线、省道 330 线横贯驻马店市东西，是驻马店市公路网的交通骨架，对驻马店市交通运输及经济发展有着举足轻重的作用，但部分路段现有路面较窄，服务水平较低，无法有效承担起干线公路的功能和使命。

"21 驻投 V1""21 驻投 V2"发行人驻马店城乡建设投资集团有限公司（以下简称驻马店城投）作为当地重要的国有企业，以交通服务乡村振兴为目标，将本期债券募集资金全部用于"国道 107 线改建工程建设项目"和"国道 328 线及省道 330 线升级改建加宽工程项目"。上述交通道路改建项目的实施，可以有效缓解路线经过城镇路段行车干扰严重、交通堵塞及事故时有发生、通行率下降等情况，对于加强驻马店市与周边地市交通联系，方便人员往来和物资流通，促进地区经济发展以及全市"一中心五组团"建设蓝图的实施意义重大。

二、主要做法

申万宏源证券作为金融央企，积极践行使命担当，在利用债券融资支持乡村振兴过程中，及时领悟精神，精准把握政策，深入企业一线，结合企业实际推动乡村振兴专项债券发行。

2021 年，随着我国全面进入小康社会，为充分发挥资本市场在服务国家乡村振兴战略中的作用，积极拓宽企业融资渠道，巩固脱贫成果，推动脱贫地区发展和乡村全面振兴，上海和深圳证券交易所先后推出乡村振兴专项公司债券。专项债券推出后，申万宏源证券第一时间组织学习发行政策，深刻领会文件精神，全面摸排满足乡村振兴债券发行条件的客户情况。同时，组织业务骨干深入企业一线，根据企业业务领域和在建项目情况，大力推介乡村振兴专项债券的发行。

江宁旅游此前无债券发行经验，在美丽乡村建设过程中，主要通过银行借款和自有资金投入推动项目建设，融资渠道较为单一，资金压力较大。专项债券推出后，申万宏源证券迅速反应，积极联系，根据该公司资产、业务及在建项目情况，推出了乡村振兴项目收益专项公司债券融资方案，并在 3 个月内完成申报、发行等一系列工作。成功完成了全国首单乡村振兴项目收益专项公司债券、江苏省首单乡村振兴公司债券的发行，既扩大了发行人的融资渠道，有效缓解了资金压力；同时也极大提升了在建项目的知名度，对当地生态旅游的发展起到了有力促进作用。

宣汉县城乡建设发展有限公司注册地宣汉县是国家扶贫开发重点县，申万宏源证券协助发行人于2020年9月1日获取非公开发行扶贫专项公司债券10亿元额度批文，并于2021年成功发行一期扶贫专项债。随着宣汉县于2021年2月完成国家脱贫工作验收，实现贫困县整体"脱贫摘帽"，以及乡村振兴专项公司债券的推出，申万宏源证券第一时间向企业宣讲乡村振兴公司债券与扶贫专项公司债券之间的政策衔接，并根据企业资金需求，成功推动了西部地区首单乡村振兴专项公司债券的顺利发行。

驻马店城乡建设投资集团有限公司作为成熟的债券发行人，曾先后发行企业债、公司债、中期票据、一般短期融资券、超短期融资债券、定向工具等多只债券，具有丰富的债券发行经验。乡村振兴专项公司债券推出后，申万宏源证券及时向企业宣导政策精神，双方迅速配合，对公司在建项目全面摸排，梳理符合支持领域的项目，积极推动申报和发行工作，成功完成了河南省首单乡村振兴专项公司债券的发行。

三、成效反响

乡村兴则国家兴，在国家乡村振兴的大背景下，申万宏源证券结合国家政策和当地产业规划实际情况，多方协调筹划，致力于以债券融资助力乡村基础设施建设和产业振兴，为区域建设发展不断注入活力。

在全力创建全域乡村旅游之际，项目组克服疫情带来的重重阻碍，经过短短三个月的艰苦奋战，顺利完成"21宁旅01"发行工作，获得了发行人的高度好评。"21宁旅01"债券募集资金支持项目的建设实施，进一步完善了区域内的生产性服务体系和农业社会化服务体系，推动了区域农业、旅游项目的发展，对于助力江宁区推进全域美丽乡村建设、促进区域经济的持续稳定增长和当地生态环境保护具有重要意义。

在宣汉县成功脱贫之后，申万宏源证券及时把握政策导向，在宣汉城

建前期发行的扶贫专项债的基础上，推动"宣汉县城乡建设发展有限公司2021年非公开发行乡村振兴专项公司债券"成功发行。"21宣汉V1"募集资金主要投向脱贫"摘帽"乡镇的基础设施建设，包括改善水质、提升居住质量、完善交通条件和搬迁农户的配套项目等，对于改善脱贫地区基础设施条件、完善乡村基础设施、提升脱贫地区公共服务水平发挥了积极作用，推动了当地农村的全面进步和脱贫攻坚工作与乡村振兴工作的有效衔接。

在"驻马店城乡建设投资集团有限公司非公开发行2021年乡村振兴专项公司债券"的发行过程中，申万宏源证券充分发挥资本市场枢纽性作用和市场化优势，密切关注并把握债券一级和二级市场波动，整合公司资源，积极沟通，多方询价。其中品种一发行5亿元，实现了票面利率3.88%的同期发行最低利率，获得了发行方和市场的双重认可。"21驻投V1""21驻投V2"募集资金所支持改善的交通要道沿线地区在畜牧养殖、农业产业化、矿区开采和产品销售等方面发展良好，运输条件的改善，对提升乡村地区人员流动、资源流通和供应链稳定，推动沿线地区产业发展和产品销售，加速城乡一体化进程发挥了积极作用。

四、典型意义

"横看成岭侧成峰，远近高低各不同。"金融机构助力乡村振兴一定要因地制宜、因城施策。这就要求我们必须精准把握中央及地方政策动态，深入挖掘市场需求，充分发挥好资本市场在优化实体经济资源配置中的枢纽性作用，利用好市场的高效公开特性，将政策精神、地方实际、投资者需求等多方面因素充分有机结合，推动乡村振兴战略的有效实施并形成长期高效、资源可持续、环境友好的支持力量。

"绿水青山就是金山银山。"乡村振兴债的发行，对运用市场化手段巩固脱贫攻坚成果，进一步降低企业融资成本，加快乡村振兴战略实施具有重要意义。金融机构应密切跟踪行业动态，积极发挥金融创新优势，以乡村振兴债券为抓手，为客户提供综合性金融服务。在大力推进乡村振兴债券发行的同时，灵活搭配各类债务融资工具和产品，进一步探索乡村振兴债与绿色债、碳中和债等创新品种相结合，同步支持农村生态环境治理、绿色现代农业发展项目，进而助推美丽乡村建设，全面实现绿色、可持续发展理念。**Ⓖ**

华泰证券："益心华泰 一个长江"助力乡村生态振兴

华泰证券股份有限公司

一、案例概况

华泰证券股份有限公司（以下简称华泰证券）的创立、发展得益于长江经济带，公司于 2018 年设立"益心华泰 一个长江"生态保护公益项目，携手各界保护长江流域生物多样性，促进生态保护与资本市场的对话、协作，带动对绿色金融的战略性投入，引导资本向善。

从长江源到长江中下游，"益心华泰 一个长江"的许多重要项目地都位于国家公园等自然保护地周边地区，当地社区的快速发展往往依赖对自然资源的过度消耗。绿水青山就是金山银山，要让保护工作能在当地真正生根，不仅需要研究清楚生态环境本身，更要让当地人融入保护中、分享保护成果的收益，探索新的生产、生活方式，以可持续发展的方式实现乡村振兴。

生物多样性保护不仅是自然科学也是社会科学的课题，在这样的视角下，华泰证券与公益合作伙伴在长江源开展以牧民为主体的社区保护；在甘肃与四川交界的大熊猫国家公园探索生态产业发展，打造人与自然共赢的乡村振兴范本；同时，在江苏滨海湿地，华泰证券也发挥金融专业优势，带动更多利益相关方通过支持保护工作反哺乡村建设。

二、主要做法

（一）长江源：以牧民为主体的社区保护

长江源是世界上生物多样性最丰富的高海拔区域之一，雪豹、金钱豹、藏羚羊、黑颈鹤，都是高原所孕育的旷野生灵。这里也是当地牧民世代生活的区域之一，不少人还延续着祖祖辈辈以放牧为主的生活方式。可是，气候变化及人为活动的影响、草地退化及人兽冲突等问题，正在影响着长江源区内的生态平衡；而由于气候寒冷，植物生长周期短，恢复能力差，长江源区也是全国生态系统最为脆弱的区域，一旦被破坏，恢复难度极大，而这种破坏也将最终影响牧民的生活。

2018 年，华泰证券与环保非政府组织（NGO）山水自然保护中心合作，在长江源地区开展以物种监测和牧民为主体的社区保护，从科学研究和社区保护这两个最稳定也是最基本的因素出发，来探索在巨大的变化中，人与自然和谐共生的可能。这个项目也得到了包括三江源国家公园管理局、青海省玉树州及称多县人民政府等诸多合作伙伴的支持。

（二）甘肃李子坝：发展生态产业

李子坝村隶属甘肃省陇南市文县碧口镇，位于碧口保护站辖区。该村处于动物古北界与东洋界的分界线上，动物种类繁多，是白水江片区动物最丰富的区域之一，也是大熊猫在甘肃最重要的分布栖息地。2020 年，大熊猫国家公园甘肃省管理局白水江分局获得大熊猫国家公园碧口生态体验小区认证，其中李子坝村是碧口生态体验小区的重要组成部分。

社区是大熊猫国家公园建设最重要的利益相关者，一方面社区发展与生态保护存在矛盾，在李子坝，过去由于经济落后，人们的收入来源有限，只能"靠山吃山"，曾经存在严重的森林砍伐行为，1993 ~ 2003 年更是砍伐最猖獗的 10 年。与此同时，村民为了炒茶、卖茶叶，就在柴山上就

地取材、挖窑烧炭。另一方面，社区也是保护发展离不开的力量，在李子坝，正是一群年轻村民主动成立了农民森林巡护队，协助自然保护区管理部门制止了多起盗猎与破坏野生动植物的行为，才极大改善了过去的乱象。所以，有序推动原住居民生产生活方式转型是实现社区协调发展的重要目标。

在李子坝，华泰证券通过"益心华泰 一个长江"项目支持山水自然保护中心，基于当地的自然资源禀赋，探索国家公园特许经营模式。利用当地昼夜温差大、森林密布、远离城镇无污染的优越地理环境，注重发展以茶叶为主的生态产业，发展生态茶园，坚持以生态友好的方式种植，不用农药和化肥、人工除草，这里出产的茶叶各项检测指标全部达到有机茶指标。

利用当地宝贵的生态资源、生态产业资源，"一个长江"项目还支持李子坝发展自然教育和生态体验项目，进一步拓展村民收入来源。根据对李子坝村自然教育资源的盘点，结合大熊猫国家公园生态体验小区的定位和指导意见，李子坝村将大熊猫与茶作为自然教育最突出的品牌。从大熊猫的角度体现国家公园的形象和生态保护性质，自然教育的重点为自然科普和深度生态体验；从茶的角度体现李子坝村的乡村特色和生态农业，自然教育的重点为学生研学体验、公众高品质的游憩体验。同时，李子坝也将当地社区巡护监测路线、养蜂产业、农田风光等资源加入设计，作为配套的自然教育内容。

李子坝的村民带领
游客体验自然

（三）江苏滨海湿地：发挥金融优势，设立公益主题资管产品

江苏滨海湿地是全球众多迁徙水鸟的繁育、停歇和越冬重要场所。其所属地中国黄（渤）海候鸟栖息地（第一期）进入《世界遗产名录》，成为我国第54处世界遗产。其中，此次入围的地块全部来自江苏盐城及周边区域，总面积18.64万公顷。江苏滨海湿地不仅为许多珍稀鸟类提供了觅食场等重要栖息地功能，还为周边的渔民社区提供了采集和收获渔业产品的场所，为当地百姓食物供给和生计就业提供了保障。

2021年10月12日，《生物多样性公约》第十五次缔约方大会（CBD COP15）领导人峰会召开当日，华泰证券资管推出"华泰益心系列"集合资产管理计划，为绿色产业提供融资服务，收取的管理费按一定比例捐赠给环保公益组织，支持"一个长江"项目区域的生物多样性保护。同时，投资资管产品的客户将以志愿者身份深度参与滨海滩涂海域资源调查与保护，包括底栖生物采样、鸟类调查及捕捞作业调查等，在参与过程中，增强对于滨海滩涂海域资源的认识，也真正投入乡村建设中去。

三、成效进展

（一）长江源：以牧民为主体的社区保护

四年来，华泰证券支持山水自然保护中心、北京大学等科研机构在长江源布设了400多台红外相机，监测面积达4000平方千米，积累了众多的基础数据，包括首次记录到了在玉树通天河北岸金钱豹活动的痕迹；在玛柯河发现的黄喉貂则更新了青海省的野生兽类分布记录，得到了《新闻联播》的关注；在称多县嘉塘草原开展的荒漠猫和黑颈鹤的监测研究，首次记录到了荒漠猫的繁殖巢穴，受到了包括《自然》（*Nature*）杂志在内的众多学术和大众媒体的关注，填补气候变化、雪豹和金钱豹共存关系等国内生态学研究空白。

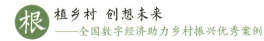
　　这4000平方千米的科研监测地，同样也是社区保护地。长江源地广人稀，仅靠科研人员、政府人员，很难"面面俱到"。华泰证券支持山水自然保护中心在当地10个社区培训了200多位牧民监测员，由牧民监测员进行包括红外相机架设、物种记录等在内的全部监测工作，实现社区从数据收集到保护行动的全过程参与，牧民也可以从保护工作中获得稳定收入；针对牧民最重要的生产资料——草场，项目不仅在称多县的普桑村、曲麻莱县的莱阳村进行了草地生态监测，还发动当地牧民在称多县嘉塘草原开展种草以恢复草场的行动，在称多县的多个村落开展草原垃圾分类和回收培训，组织数百位牧民进行垃圾清理和垃圾成分调查，通过与当地社区的合作，从生态、生产和生活的多元视角探索如何合理利用草地，从放牧技术、社区集体行动和政策等多个维度寻找草地生态系统可持续管理的方向和可能性。2019年8月，当地政府、山水自然保护中心和华泰证券共同在嘉塘草原珍秦二村正式成立"称多嘉塘社区保护地"，支持牧民们在嘉塘依照社区的习惯法规、用他们的方式保护长江源区的生态环境，希望打造社区保护的范本。

通过社区培训，指导当地牧民使用红外触发相机

"称多嘉塘社区
保护地"界碑

华泰证券还支持当地社区、北京大学自然保护与社会发展研究中心、山水自然保护中心举办"2019嘉塘自然观察节"，开展公民科学家行动，招募10支自然科学爱好者组成的队伍，在牧民向导的带领下调查嘉塘草原的生物多样性。一方面记录到兽类15种、鸟类71种、植物156种，为保护工作积累了宝贵的数据；另一方面活动也为当地社区带来了经济收入。2021年，为了探索更多经济的可持续增长点，成立了嘉塘社区妇女手工艺小组，15位社区女性作为妇女手工艺小组的首批成员，参与了手工艺发展筹备会议，共同布置手工艺工作室，妇女小组的成员们组织毛毡产品的学习和自主创作，利用藏狐、狼等当地高光物种的形象，生产了许多"个性化"的产品。

（二）甘肃李子坝：发展生态产业

在"益心华泰 一个长江"项目的支持下，李子坝茶叶的名声越来越响。目前拥有4000多亩生态茶园、2家大型茶厂、多家合作社，生态绿茶年产值超过1000万元，利润又反哺于当地的生态保护。同时，李子坝村还积极发展生态养蜂产业，以传统的"棒棒槽"土法养蜂方式，产出高品质

的茶花蜜、药蜜等，每年产量 3000 ~ 4000 斤，受到周边市场青睐。在"益心华泰 一个长江"项目的带动下，李子坝项目又先后得到华泰联合证券、上海证券交易所公益基金会的支持。2021 年李子坝村被评为陇南市乡村振兴示范村。

李子坝村的
生态茶园

（三）江苏滨海湿地：发挥金融优势，设立公益主题资管产品

"华泰益心系列"集合资产管理计划首只产品的管理费已捐赠至阿拉善 SEE 公益机构，支持江苏滨海湿地生态修复及可持续渔业试点项目。针对滨海湿地不合理利用的问题，该计划正通过与当地渔民社区的合作，推动可持续渔业，包括环境友好型养殖行为和可持续捕捞行为来减少对于滩涂湿地及周边海域的不利影响，为迁飞鸟类提供更加安全的停歇地和越冬场所。

四、典型意义

良好生态环境是农村最大优势和宝贵财富，也是乡村振兴的支撑点。长江流域的国家公园等自然保护地周边的乡村是生态涵养的主体区，华泰证券与山水自然保护中心等生态保护机构合作，发挥数字金融的优势，运用市场的手段，践行"两山论"，支持自然保护地和周边社区守住绿水青山，积极探索"绿水青山就是金山银山"有效转化路径，是建设生态文明、助力乡村振兴、推进高质量发展的有益探索。华泰证券在长江源、长江上游和中下游开展的生态保护与绿色发展项目，是推动人与自然和谐共生的示范案例，获得国际国内社会的高度认可，"益心华泰 一个长江"生态保护公益项目荣获全球"生物多样性保护100＋案例"特别推荐。华泰证券的实践为企业参与生态保护，助力乡村生态振兴起到带头作用，也引领了企业发挥自身优势助力乡村振兴的方向，具有典型意义。 ⓖ

强化党建引领　服务乡村振兴
助力会宁发展

申银万国期货有限公司

一、案例概况

"会师儿女多壮志，敢教日月换新天。"甘肃会宁，是革命老区、红军会师圣地，2020 年 3 月退出国家级贫困县。国家乡村振兴战略实施以来，申银万国期货有限公司（以下简称申万期货）党委深入学习贯彻落实习近平总书记关于乡村振兴的重要论述，坚决落实党中央、国务院关于实施乡村振兴战略的重大决策部署，积极发挥金融央企子公司模范表率作用，主动整合申万宏源证券集团公司之力，助力帮扶甘肃会宁县实施乡村振兴战略。

自 2018 年与会宁签署帮扶协议的 5 年来，申万期货公司党委按照"党建引领、服务大局、资源共享、全面发力"工作思路，制订了定点帮扶会宁县的总体工作计划，聚焦重点问题，牢牢守住不发生规模性返贫的底线；聚焦帮扶力量，整合总公司、各部门、子公司帮扶资源，集中力量办大事；聚焦重点产业，形成可持续的"造血"机制。立足期货及衍生品专业优势，根据会宁县当地玉米、牛养殖等农业产业特色，以服务"三农"的农产品"保险 + 期货"和场外期权产业帮扶项目为主要抓手，结合产业帮扶、驻村帮扶、教育帮扶、公益帮扶、消费帮扶多管齐下，整合多方资源实现"输血"与"造血"相结合，以"钉钉子"的精神久久为功、持续发力，形成了申万期货帮扶工作体系，协同中投和申万宏源证券逐渐总结出一套可借鉴、可复制、可推广的"会宁经验"，持续开展定点帮扶工作。

二、主要做法

（一）立足期货及衍生品优势，聚焦重点产业链，开展"农产品＋保险＋期货"项目

申万期货公司及其风险管理子公司申万智富以当地实体经济需求为导向，充分发挥自身的专业优势，不断探索"农产品＋保险＋期货"模式，指导和扶持当地实体企业利用期货市场降低生产经营风险，不断增强当地的自我发展能力。玉米是会宁县的农业支柱产业，为有效规避收入减少导致返贫的风险，公司在申万宏源证券支持下，2018～2021年累计投入帮扶资金超过900万元，实施"玉米/牛饲料＋保险＋期货"项目，涵盖全县11个玉米主产区，累计投保面积20多万亩，为3万多户种植户和养殖户兜住收入底线，保险端累计实现赔付755万元，现货端累计实现893万元的利润，共为会宁县种植户和养殖户带来超过1600万元的收益保障，极大调动了种植户和养殖户的积极性。当地农民合作社、农户非常感谢"保险＋期货"项目带来的稳定农业收入，积极参与投保，产生了良好示范效应，项目开展已深入人心。

（二）支部结对共建凝聚党建合力，驻村定点帮扶助力乡村振兴

会宁县梁庄村原为当地深度贫困村之一，在县扶贫开发办公室的牵头下，申万期货公司党委坚持对梁庄村进行结对帮扶。一是充分发挥党建引领作用，推动公司综合管理总部党支部与梁庄村党支部签订了党组织结对共建协议，通过组织建设互促、党建载体互建、结对帮扶互助等方式，增强双方基层党组织活力和凝聚力，以党建推动发展。二是坚持"到实地、办实事、出实效"的原则，于2020年4月、2020年12月及2021年12月持续选派三批次、共计6名青年骨干员工前往梁庄村开展为期一个月的定点帮扶工作，以实地探访形式，与村委干部深入田间地头、走进农户家

中，切实了解当地生产生活需求，找准帮扶工作发力点，在办好为民实事上下功夫见实效，合力助推巩固拓展脱贫攻坚成果同乡村振兴有效衔接。

（三）重视教育帮扶，积极开展公益捐赠、消费帮扶

申万期货公司多年来持续在会宁开展教育帮扶，号召员工向村图书室捐赠书籍，丰富村民的精神文化生活；向当地小学捐赠"爱心助学大礼包"，捐资购置教学设备，改善教学条件；组织金融知识、网络营销、防疫等各类培训，并为地方企业提供风险管理咨询服务，2018～2021年，公司在会宁县累计举办7场培训，参训人员750人，包括政府、企业、农民合作社的干部、员工、农户等。公益捐赠方面，结合当地实际需求，公司捐资用于采购紧缺农机具、开展马铃薯新产品引入试验田项目、农村标准化卫生室建设、医疗设备采购、五保户冬季御寒及慰问等，累计公益捐赠金额73.6万元。消费帮扶方面，公司通过本地企业以及电商采购会宁县多类农副产品，累计采购金额达79万元。

捐赠玉米收割机、残膜回收机等农机具

三、成效反响

（一）促进重点产业链发展，保障农户收益，巩固脱贫攻坚成效

公司开展的"保险＋期货"项目结合会宁县种植现状与种植户、种植企业的实际需求，创新发展可复制、易推广、贴近农民需求的金融支农模式，在实现避险功能的同时，极大地提升了受众覆盖面，让更多的种植户能切实感受到保障。通过"保险＋期货"使会宁县玉米播种面积保持稳定、养殖业平稳发展，树立了产业帮扶的良好品牌形象。会宁县乡村振兴局充分肯定了公司多年来通过在当地开展玉米/牛饲料"保险＋期货"项目，在保障和增加农民收入，助力脱贫攻坚和乡村振兴过程中作出的积极贡献。

在申万宏源证券的大力支持下，2019年申万期货及风险管理子公司开展玉米"保险＋期货"项目，为当地1.18万户建档立卡贫困户种植的9.8万亩4.2万吨玉米提供了价格下跌保险，保险期间通过"保险＋期货"累计赔付326万元，赔付率达109%。

2020年申万期货及风险管理子公司开展玉米"保险＋期货"项目，为当地1.27万户建档立卡贫困户种植的10.54万亩4.2万吨玉米提供了价格下跌保险，保险期间通过"保险＋期货"累计赔付189万元，赔付率达63%。

2021年申万期货及风险管理子公司开展玉米"保险＋期货"项目和牛饲料成本"价格保险"项目，为当地1.05万户建档立卡户种植的3.5万吨玉米和7000吨牛饲料投保了价格上涨保险。保险期间通过"保险＋期货"累计赔付240万元，赔付率达80%。

会宁县玉米、牛饲料"保险＋期货"项目理赔

（二）助力提升党支部党建水平，形成共建合力

通过党组织结对共建与员工驻村定点帮扶，公司党委与会宁县梁庄村建立起常态化沟通联络机制，形成了共建合力，实现了精准问需、精准投放资源，为推动当地乡村振兴提供了坚实保障。目前，梁庄村已实现整体脱贫，乡亲们的日子越过越红火。结对共建有效整合了双方基层党组织的优势资源，通过结对联学、经验共享的方式，在互学互帮中实现共同进步，推动村党支部进一步改进党建工作方法，提升村委干部履职尽责能力，带动村民因地制宜发展产业致富。目前该模式已逐步推广至公司对口帮扶的其他地区，取得良好成效。

（三）持续开展全方位帮扶，助力"三农"发展和乡村振兴

公司整合内外部资源，通过教育帮扶、公益帮扶、消费扶贫的"组合拳"，促进当地教育、经济、医疗、生活水平的提升，见证了会宁县从深度贫困到奋力脱贫的全过程。通过在会宁县持续开展培训，使当地金融监管干部、合作社牵头人、企业管理人员、农户了解金融基础知识以及"保险＋期货"实际案例，为"保险＋期货"项目在当地的深入推广打下了坚

实基础。同时，申万期货公司妥善合理使用帮扶资金，将每一笔资金用于当地群众急需的帮扶项目，切实解决群众的困难，提高基层帮扶的效果，为会宁县乡村产业振兴和农业农村现代化建设贡献应有的力量。

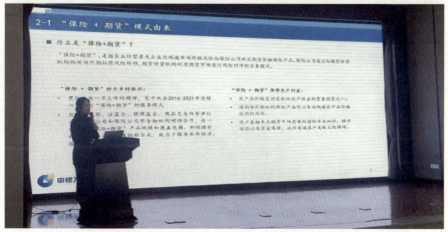

为会宁县企事业、合作社、农户举办金融知识培训

四、典型意义

（一）必须坚持和加强党对服务国家乡村振兴战略的领导，充分发挥党委把方向、管大局、保落实作用

从"会宁经验"来看，党的领导是最重要、最关键的推动力，具体体

现在：一是申万期货公司党委注重学深悟透乡村振兴工作要求。结合党史学习教育，党委中心组 5 次集体学习习近平总书记关于"乡村振兴、共同富裕"等重要论述，为申万期货公司党委扎实推进乡村振兴工作提供了思想和理论保证；二是申万期货公司党委注重强化推进乡村振兴工作的组织保障。公司定点帮扶工作领导小组由党委书记亲自挂帅、党委班子全程参与；公司将定点帮扶工作纳入相关责任部门年度绩效考核，从而为推动乡村振兴工作落实提供了有力的组织保障；三是申万期货公司党委积极落实新时代党的组织路线，积极选派政治素质佳、勤勉专业、作风优良的干部、人才赴甘肃会宁开展对口帮扶、驻村帮扶工作，为推动乡村振兴工作提供了强有力的人才保障；四是通过党支部结对共建的方式实现信息互通、资源共享，达到双向互促、共提升的良好效果，进一步将新时代党的建设总要求向基层延伸，从而为会宁县经济社会发展贡献坚强的基层党员力量。

公司党委中心组集体学习

（二）结对帮扶、对症施策，切实为群众办实事

乡村振兴工作是一篇"大文章"，要久久为功、实干干实，切实把实事办到人民群众最迫切需要的地方。以当地村情实际与群众需求为导向，申万期货公司党委向对口帮扶的梁庄村捐赠一批现代化农业机械设备及传

统农用工具助力解决当地劳力不足、农耕效率低下的问题，开展捐资助学助力当地"金色教育"品牌更显闪耀。对症施策让为民办实事更加科学、措施更加有效、执行更加顺畅、效果更加明显。"申万期货公司把我们的事当自家的事，让老百姓真正得到了实惠，感谢共产党，感谢你们！"乡亲们感谢的话语，犹在耳畔，让公司更加坚定为民办实事的拳拳初心。

（三）充分发挥金融工具的风险管理作用，实现农产品保值增值，提高农户收益

期货、场外期权等金融工具是对现货价格波动的有利对冲工具。结合研究所对农产品行情的研判，风险管理子公司设计挂钩场外期权结构的价格保险产品，并通过场内期货市场对冲，帮助农户规避价格波动的风险。以玉米、牛饲料品种的"保险＋期货"业务经验为基础，逐步拓展至苹果、猪饲料、羊饲料等新品种。同时，申万期货公司在会宁县为当地企事业单位、合作社和农户开展了围绕"保险＋期货"业务模式的金融专题培训，通过培训和项目的成功运作，许多农户对参与"保险＋期货"项目保障种植、养殖收益充满信心。

（四）多管齐下、综合施策，助力当地实现整体提升

1. 实现乡村振兴，要加强兜底保障

"农产品＋保险＋期货"、场外期权能帮助农民规避风险、保障收入，实现防止返贫。"农产品＋保险＋期货"是对传统农业保险的一种创新，涵盖所有在期货交易所上市的农产品。主要运行机制是农户向保险公司购买农产品价格保险，保险公司通过向期货公司风险管理子公司购买场外期权产品转移赔付风险，实现"再保险"，风险管理子公司通过场内市场对冲将风险分散到期货市场，实现多方共赢格局。

2. 多举措解决"保险＋期货"保费来源

目前，"保险＋期货"面临的很大挑战是资金来源。申万宏源证券每年提供300万元"保险＋期货"支持资金，帮助会宁县当地政府和农户通过实践认识到"保险＋期货"业务在稳定农民收入、巩固脱贫攻坚成果方

面的作用，逐步已经形成"企业支持＋政府补贴＋农户自缴"的保费构成思路，通过多渠道解决保费问题，为今后在更大范围内推广"保险＋期货"，构建农村防止返贫机制提供有力的保障。

3. 建立长效机制，正确认识保险的避险作用

"保险＋期货"作为一种新型农业保险工具，要引导当地政府和农户建立长期的合理避险意识。保险的存在并不是为了每年都能发生赔付，是当发生收成不好或者价格不利的情况下，通过赔付来稳定农业生产。

4. 探索基差收购，解决现货价格保险与"保险＋期货"的矛盾

从实际接触的情况来看，农民更希望的是直接对现货价格进行保险，这一方面是因为现货价格是农民普遍接触的价格；另一方面是因为作为保险定价参照物的期货价格反映的是系统性价格，与现货价格或多或少会不一致，这是当前运行的"保险＋期货"项目普遍存在的问题。期货风险管理子公司发挥自身在基差贸易端的优势，与当地政府探讨，进一步创新设计"保险＋期货＋基差收购"的模式，解决农户现货价格波动与期货价格波动不一致的问题。

申万期货公司党委积极发挥总览全局、协调各方的领导作用，不仅根据自身行业特点开展产业帮扶，更是将驻村、教育、公益、消费帮扶有机融入，形成了多层次、全方位的帮扶和振兴体系，帮助会宁县在经济和社会生活各领域得到了全面发展。今后，申万期货公司党委将继续深入贯彻党中央决策部署和上级党委工作安排，利用自身行业特点和资源优势，持续优化"会宁经验"，帮助当地政府巩固拓展脱贫攻坚成果，走出一条产业兴旺、生态宜居、乡风文明、治理有效、生活富裕的乡村振兴新路子。Ｇ

区块链"打通"多重限制
金融科技服务"三农"

——南华期货助力江苏宿迁泰州蛋鸡产业发展项目

南华期货股份有限公司

一、案例概况

散养草鸡，已成为乡村一景，在江苏省泰州张甸镇三野村的增辉生态养鸡场可以看到，成千上万只草鸡自由追逐嬉戏，养鸡场老板王文兵忙着将鸡蛋装入货车，养殖场产出的草鸡蛋即将进入全国各地 300 多家超市，年销售 1000 余吨……

蛋鸡产业已成为泰州及周边几十余个乡镇具有区域特色的支柱产业，是当地群众收入的主要来源。全市乡镇蛋鸡存栏超过 1 亿羽，鸡蛋产量 150 万吨以上。但是目前蛋鸡养殖仍以"小规模、大群体"的产业模式为主导，产业规模难以提升主要受以下因素制约：一是产业发展需求与养殖水平提升不同步；二是市场波动频繁，养殖预期收益难以保证，生产经营者扩大经营的意愿受阻；三是蛋鸡养殖经营主体面临融资困境，扩大再生产的资金动力不足。产业难以稳定成了养殖户们的一块"心病"。

产业兴农村才能稳，产业旺农民才能富，乡村振兴的关键在于产业振兴。自 2018 年起，南华期货股份有限公司（以下简称南华期货）为落实支农惠农政策精神，通过探索乡村蛋鸡产业发展路径，利用金融工具助力养殖企业规避价格波动风险，为江苏省泰州、宿迁两地"七镇十三村"的蛋鸡养殖户提供以"区块链"技术为支持的"保险＋期货＋信贷"综合服务平台。实施方案获得了农业农村部、大连商品交易所、江苏省农业委员会及养殖服务产业企业等多方支持，有力推进了蛋鸡养殖产业规模化升级，提高了乡村特色养殖业的规模效应、富民脱贫效应，是增强农业产业发展效果的可复制、易推广的金融支农模式。

二、主要做法

"保险＋期货"是近年来具有特色农业风险管理创新模式之一，依托于农业农村部关于金融支农服务创新试点的政策指导，以创新的鸡蛋价格"保险＋期货"产品为载体，构建融合互联网价格保险服务、养殖技术服务、期货市场风险分散服务、互联网金融贷款服务等为一体的"蛋鸡产业金融综合服务体系"。

（一）参与主体

1. 服务主体

试点服务对象为江苏省宿迁、泰州两地的蛋鸡养殖户，服务对象涵盖了大、中、小、散等不同规模的蛋鸡养殖主体。投保主体分别为宿迁航宇农牧科技发展有限公司、宿迁益丰禽业有限公司、宿豫区乐土养鸡场、泰州市增辉养殖专业合作社、泰州市田园畜禽养殖有限公司、泰州市姜堰区姜财养殖专业合作社、兴化市旭程家禽养殖家庭农场、兴化市润坤农业有限公司、泰州市阿祥家禽养殖专业合作社及叶胜明、王伟、孙新来等 12 家养殖户，试点覆盖养殖规模达 300 万只蛋鸡，累计承保现货规模 1325.8 万公斤鸡蛋。

2. 项目承办主体

本次试点项目由南华期货股份有限公司及其风险管理子公司浙江南华资本管理有限公司（以下简称南华资本）为主要实施主体，负责项目的联络、方案设计及风险对冲，并在此项目中在 2020 年新冠肺炎疫情特殊时期为减轻农户保费压力，将项目与大连商品交易所的"农保计划"结合，引入多方资金支持，进一步扩大了保障规模。

3. 项目保险公司

试点项目由华农财产保险股份有限公司（以下简称华农保险）承保，华农保险试点运行期间成立工作小组，专门负责解决养殖户对保险产品的疑问及应对价格风险管理问题。其中，保险产品为贴近现货近月交割月期货合约价格承保，主动承担了基差风险，满足了养殖户对价格管理的需求。

4. 政府及其他参与主体

本次试点项目由农业农村部提供中央财政资金，推动财政支农机制，在引导和激励开展金融支农服务创新试点的基础上提供部分保费补贴开展创新试点，江苏省农业委员会为项目监管单位，对项目资金专账核算、专款专用。华农保险根据项目进展和资金支出情况向其申请资金支付。江苏省农业委员会对资金申请进行审核后按照有关财务制度拨付支出，多方协作共同推动金融市场服务"三农"的工作开展。

（二）具体操作流程

第一步，基于区块链技术构建金融综合服务平台。利用区块链技术以其数据不可篡改和可溯源的天然金融属性，完成"蛋鸡产业金融综合服务体系"的建设。手机微信、支付宝即可完成投保、查账、贷款等操作，形成多种金融工具的良性互动模式。同时，提升多方参与主体（江苏省农业委员会、期货公司、保险公司、养殖大户、家庭农场、农民合作社、养殖技术服务公司、"蚂蚁金服"）的沟通效率，解决信息不对称及信息互信等问题。

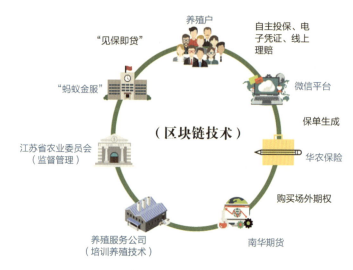

参与主体及主要流程

第二步，加强产品设计，力争解决价格风险核心问题。以往"保险 +
期货"的价格保险推广较难，原因在于乡镇中买卖的鸡蛋价格与期货（远
月）价格存在时间错配，养殖户往往关注的是蛋鸡现货的市场价格。为解
决养殖户提出的实际问题，南华期货打破传统"保险 + 期货"模式下的保
价误差，推荐养殖户向保险公司购买交割月期货合约为标的保价保单，保
险公司向期货公司及其风险管理子公司购买具有再保险功能的场外期权产
品，期货公司将风险转移至期货市场；到期时期货公司风险管理子公司结
算期权收益给保险公司，保险公司按保险产品支付养殖户理赔款。保险公
司与期货公司发挥各自行业优势，进阶提升了对养殖户稳定获利的保障力
度，进一步扩大了"保险 + 期货"模式在乡村农业产业方面的适用范围。

	状态	交易所代码	连接标的	期权类型	期权方向	报价单位	期权执行价格	平均观察开始日	平均观察结束日	数据接收时间	权利金阶梯详情
	已确认	DCE	JD1909	亚式期权	买入看跌	元/500kg	42	2019-0	2019-	2019-04-17 10:39:55	查看详情
	已确认	DCE	JD1909	亚式期权	买入看跌	元/500kg	42	2019-	2019-	2019-04-17 10:39:55	查看详情
	已确认	DCE	JD1909	亚式期权	买入看跌	元/500kg	42	2019- 1	2019-)	2019-04-17 10:39:55	查看详情
	已确认	DCE	JD1909	亚式期权	买入看跌	元/500kg	42	2019-	2019-(	2019-04-17 10:39:55	查看详情
	已确认	DCE	JD1909	亚式期权	买入看跌	元/500kg	4	2019-0	2019-	2019-03-18 15:54:33	查看详情

区块链平台上南华资本与华农保险的场外期权成交确认界面

第三步，引入养殖服务企业延伸链条强化乡村产业。乾元浩生物股份公司作为养殖产业的技术服务公司，为蛋鸡养殖户提供从疫苗、禽类医疗到养殖技术培训指导的"一条龙"专业服务，指导养殖户做好防灾减损及技术培训工作，并通过关联合作，义务为所服务的客户承担鸡蛋价格保险的部分保费。

第四步，"蚂蚁金服"为养殖户提供互联网保单增信贷款服务。通过前期搭建的区块链平台，与"蚂蚁金服"建立合作，"蚂蚁金服"可为投保过的养殖户提供免抵押、免担保的信用贷款，养殖户可在"支付宝"App上输入姓名及投保单，实现"见保即贷、随借随还"，全面优化了保单融资增信的流程，解决了传统养殖户融资难、贷款慢的问题。

支付宝平台投保人贷款操作主要界面

最终，通过"保险+期货"模式为养殖户提供价格保险，若保险到期后的鸡蛋价格低于养殖户投保保障价格时，养殖户可以获得赔付；保险公司与南华期货子公司南华资本签订场外协议，通过购买看跌期权做风险分散，南华资本负责在期货市场进行操作以对冲价格波动风险，期权到期后，若结算价格低于执行价格，保险公司获得赔付；保险产品到期后产生赔付，由南华资本向华农保险支付期权赔付，华农保险根据农户参保情况支付赔款。

三、成效反响

（一）收益效果

试点项目采用贴近现货价格的交割月期货价格定价，解决了以往开展"保险+期货"期现货市场价格不匹配的情况。试点运行2年期间内，随着与养殖户的需求沟通不断深入，试点项目的赔付效果逐期递增。尤其是在2020年新冠肺炎疫情期间，鸡蛋价格大跌，农户获得了下跌幅度239.9%和279%的赔付率，有效保障了生产经营的稳定性。最终13期试点实现了总赔付金额达3888183.9元。

项目模式受到了养殖户极大的认可，《中国保险报》记者走访试点养鸡场时，养鸡场的老板曾笑着说道："现在我养鸡场的20万只鸡每天产蛋6000多斤，全部买了价格保险。鸡蛋价格再波动，也有保险兜底，心里踏实了。"此次试点推广后，该创新型"保险+期货"模式为江苏蛋鸡养殖提供了良好的模式借鉴经验。

（二）创新技术效果

项目探索出基于区块链技术的创新型"保险+期货"模式。养殖户可直接进行线上操作，自主投保下单、核保出险，并在产品到期时自动获得理赔。同时项目引入"蚂蚁金服"，通过"见保即贷"模式对试点地区的养殖户全面开放应用，完整的线上服务流程不仅解决了远距离投保难、理赔速度慢的问题，同时还帮助养殖户打破了融资难、担保流程烦琐的困境。

　　南华资本作为本次试点是"再保险"的提供商，与华农保险公司在第三方所设计的区块链技术下实现了产品咨询、设计、报价的动态记录和储存，利用区块链技术分布式账本、信息高效传递及不可篡改等特征，提升了服务体系内各方参与主体的沟通效率。试点通过加强多方参与合作，在江苏省农业委员会的监督指导下，将期货、保险、科技、养殖服务多方有效结合，助力"保险＋期货"模式构建融合以"期货市场风险分散服务、互联网价格保险服务、养殖技术服务、互联网金融贷款服务"等为一体的产业金融综合服务体系。

四、典型意义

　　时至今日，通过深入了解、不断优化满足蛋鸡养殖户的诉求，该模式已成功试运行 3 年，并获得显著的效果。从帮扶泰州村落的养殖户，过渡到引导江苏省内乡镇蛋鸡养殖龙头企业利用金融工具经营实体产业，为宿迁、泰州乡镇的 12 家养殖户的 300 万只蛋鸡提供了 9099 万元的风险保障，最终帮助养殖户实现增加 388.8 万元的赔付补偿金额。目前，南华期货成功将此类模式应用普及到"五镇十三村"，以"大"规模龙头企业带动"小"散户，引导农业经营主体参与企业风险管理，通过探索蛋鸡产业发展路径，填补以往农业主体对风险管理模式意识的空白，成功走出一条乡村振兴的有效路子。

（一）引资助农，增强乡村产业支撑

　　2018 年初，农业农村部发布了金融支农服务创新试点的政策指导文件，南华期货积极响应，联合华农保险共同申报，帮助养殖户解决鸡蛋价格保险保费来源问题，给养殖大户吃上了"定心丸"。

　　2020 年受新冠肺炎疫情影响，鸡蛋价格跌破成本价，养殖户收入严重受损。为了减轻在疫情特殊时期养殖户承担保费的压力，将该模式与大连

商品交易所"农保计划"有效结合，进一步扩大了蛋鸡养殖的保障范围。

该模式打破传统直接补贴方式，将中央财政资金以创新试点投入蛋鸡养殖产业，从而使养殖户学习利用金融市场加强产业经营管理。充足的保费补贴来源以及贴身技术指导服务，不仅减轻了乡村养殖户的经济压力，也切实增强了养殖人的满意度和成就感，从而坚定了他们在乡镇中发展鸡蛋养殖产业、实现乡村振兴的信心。

（二）"保险＋期货＋信贷＋互联网"，金融科技服务乡村产业

本次试点模式融合多种创新元素，在积极发挥期货市场作用的同时，将区块链技术、交割月期货定价、"蚂蚁金服"的"见保即贷"等多种服务模式衔接，构建融合互联网价格保险服务、养殖技术服务、期货市场风险分散服务、互联网金融贷款服务等为一体的"蛋鸡产业金融综合服务体系"。

南华期货致力于"保险＋期货"模式在未来发展道路上的可复制性和易推广性，提供价格保险的同时，也给银行等金融机构信贷业务提供强有力的保障，银行利用保单增信，为农户提供免抵押、免担保的信用贷款。为了提高农户投保及融资的效率，和"蚂蚁金服"合作运用区块链技术实现了精确投保、高效融资，互联网技术准确识别贫困养殖户并提供了更加便捷的信贷通道，可以实现不超过3小时的信贷到账，极大地解决了蛋鸡养殖主体融资难、贷款慢、扩大生产动力受阻的问题。该模式也完善了互联网金融征信模型，探索出互联网金融与农村产业结合的新路子，同时也提供了后续推广金融创新、支农扶贫业务的有效参考途径。

（三）多主体跨界合作，助力乡村振兴实现共同富裕

试点项目通过农业农村部支持下开展，中央及各级地方政府、金融行业、互联网公司多方参与，以"保险＋期货"模式为基础，构建起融合"期货市场风险分散服务、互联网价格保险服务、养殖技术服务、互联网金融贷款服务"等为一体的产业金融综合服务体系，在发挥各行业专业技术优势的同时，关注产业链完整结构，多措并举，保障了产业整体利益，

逐步实现多个服务方与蛋鸡养殖户链接、持续服务产业的合作模式。此类"'保险＋期货'＋"模式，打通了养殖户与金融、互联网等行业之间的壁垒，为国内蛋鸡养殖行业健康可持续发展起到了引领示范作用，推动了蛋鸡养殖业在农村经济发展中迭代升级，有力促进了助力乡村振兴、实现共同富裕的伟大事业。 Ⓖ

通过信用债指数服务乡村振兴战略

中国国际金融股份有限公司

一、案例概况

2021年7月15日，中国国际金融股份有限公司（以下简称中金公司）与中债金融估值中心有限公司（以下简称中债估值中心）联合发布"中债—中金公司乡村振兴信用债精选指数"。

为积极响应国家乡村振兴战略号召，引导金融资源向乡村振兴重点领域和薄弱环节倾斜，发挥金融服务乡村振兴的重要作用，助力乡村实现共同富裕和财富增长，中金公司与中债估值中心联合推出市场首只乡村振兴债券指数。该指数结合中金5级信用评分体系，精选优质乡村振兴债券发行人，致力于为投资者提供有效的乡村振兴债券市场价格走势信息与相关投资业绩参考基准。

中金公司持续深入学习实践中央文件精神，积极贯彻落实"十四五"规划和2035年远景目标，坚持"以国为怀"的初心，紧扣乡村振兴战略，积极深入各地调研，不断探索金融产品和服务创新，满足乡村振兴多样化融资需求的现实需要。

2021年7月4~11日，中金研究院和清华大学公共管理学院联合开展"数字时代的乡村振兴"调研活动。调研支队分别前往安徽、山西、河南、湖南、江苏和宁夏6个地点，调研当地互联网、大数据等数字技术的应用现状与面临的挑战，探求数字技术对于乡村振兴的影响和作用机制。

中金公司固定收益部在中金固收 App 开设"中金指数"栏目，向客户展示"中债—中金公司乡村振兴信用债精选指数"的编制方法和业绩表现，通过数字金融助力乡村振兴战略。

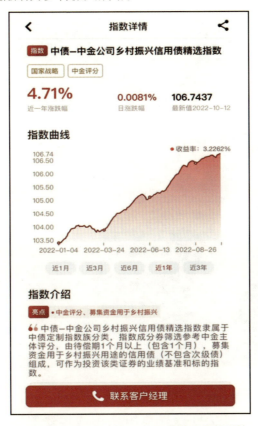

中债—中金公司乡村振兴信用债精选指数详情

二、主要做法

（一）指数编制方法简介①

中债—中金公司乡村振兴信用债精选指数（China Bond CICC Rural

---

① 资料来源：https：//www.chinabond.com.cn/Info/158362935。

Vitalization Credit Bond Select Index)。指数成分券筛选参考中金主体评分，由待偿期1个月以上（包含1个月），募集资金用于乡村振兴用途的信用债（不包含次级债）组成，可作为投资该类证券的业绩基准和标的指数。

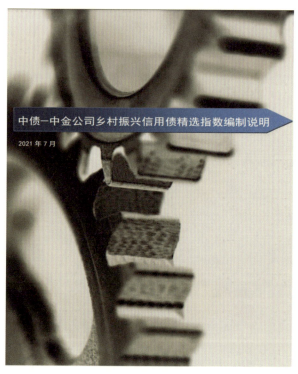

中债—中金公司乡村振兴信用债精选指数编制说明

中债—中金公司乡村振兴信用债精选指数的财富指数代码为CBA23101，基期为2021年3月31日，基点值为100，包含1年以下、1~3年（含1年）、3~5年（含3年）分段待偿期子指数，指数成分券原则上每月定期调整一次。截至2021年6月30日，中债—中金公司乡村振兴信用债精选指数的财富指数的成分券数量为29只，指数总市值294.76亿元，平均久期为1.85，平均到期收益率为3.64%，平均待偿期为2.20年，平均派息率3.46%。

客户可以通过中国债券信息网免费查询指数相关信息，此外，中债信息产品用户可通过中债金融估值中心有限公司信息产品专用下载通道、中债综合业务平台及授权信息商查询并下载相关指标数据。

（二）指数产品落地情况

中债—中金公司乡村振兴信用债精选指数是全球首只聚焦乡村振兴的债券指数，2021 年发布之后，中金公司积极开展基于该指数的交易业务。2021 年 11 月 8 日，中金公司成功发行了市场第一笔挂钩"中债—中金公司乡村振兴信用债精选指数"的收益凭证。

（三）指数境外发布情况

2022 年 3 月 10 日，"中债—中金公司乡村振兴信用债精选指数"在中华（澳门）金融资产交易股份有限公司（以下简称 MOX）挂牌①。

MOX 作为澳门首家提供债券发行、上市、登记、托管、结算服务的金融交易平台，积极为澳门债券市场、境外机构投资者提供更多债券投资标的和信息。投资者可通过 MOX 官网（https：//www. cmox. mo/）查询并下载本次挂牌的"中债—中金公司乡村振兴信用债精选指数"的详细情况及系列数据。未来，中金与 MOX 双方将持续深化各种国际化金融业务的合作。

近年来，在资管新规的大背景下，指数化投资符合净值化的整体趋势，并凭借其投资便利、策略明晰、风险分散等优势，逐渐受到投资者的广泛关注。结合国家政策方向及境内外投资者关注热点，中金公司固定收益部围绕乡村振兴、绿色资产等主题已推出多只指数。本次境外投资者挂牌"中债—中金公司乡村振兴信用债精选指数"是中金公司响应国家政策，贯彻国际化发展战略的重要举措之一。面对日益复杂的国际形势，人民币资产作为重要避险标的受到了更多境外投资者的关注。中金公司将持续探索创新型产品，凭借卓越创新精神、出众业务能力，为客户提供国际一流水准的多元化服务。

---

① 资料来源：https：//cmox. mo/wcm/macao_ en/html/chf_ china_ bond/index. html。

三、成效反响

（一）指数编制工作荣获中债估值奖励

2022 年 1 月，中金公司在中债指数用户综合评价中荣获"创新引领先锋机构"荣誉。该奖项聚焦于指数编制方法或应用上的创新性，主要颁发给对指数业务有突出创新贡献的不同领域机构，进而引领市场发展。中金公司凭借 2021 年编制发布"中债—中金公司乡村振兴信用债精选指数"等成果，荣获"创新引领先锋机构"，反映了业内权威机构对中金公司指数业务创新能力的充分认可，是公司高质量发展的客观体现。

（二）指数成果荣登高级别论坛[①]

根据《经济日报》报道，在 2021 年 10 月 16 日举行的"2021 乡村振兴高层论坛"圆桌对话环节，与会嘉宾围绕"乡村振兴经验分享与创新发展路径"进行了深入探讨。中金公司固定收益部全球商品组负责人、董事总经理周学韬介绍，"加强涉农金融产品的研发和服务供给，有助于引导金融资源向乡村振兴重点领域和薄弱环节倾斜。2022 年 7 月，中金公司与中债估值中心联合发布市场首只乡村振兴债券指数。该指数结合中金 5 级信用评分体系，精选优质乡村振兴债券发行人，旨在为投资者提供有效的乡村振兴债券市场价格走势信息与相关投资业绩参考基准"。

（三）境外正式挂牌引起广泛关注[②]

2022 年 3 月 10 日，"中债—中金公司乡村振兴信用债精选指数"挂牌，这是首次由非银机构与中债估值中心联合编制的指数在 MOX 发布

---

① 资料来源：http：//www.jingjiribao.cn/static/detail.jsp? id = 369202。
② 资料来源：http://finance.sina.com.cn/stock/relnews/cn/2022-03-10/doc-imcwipih7773884.
shtml；https://baijiahao.baidu.com/s? id = 1728962726336412642&wfr = spider&for = pc；https://baijia-hao.baidu.com/s? id = 1721107619577480786&wfr = spider&for = pc。

挂牌，也是中金公司与 MOX 的首单跨境业务合作。新浪财经等媒体对此进行了报道。

四、典型意义

（一）创造涉农金融产品供给，提高乡村振兴债券流动性

2021 年，我国乡村振兴债券共发行 176 只，共募集资金 1537.76 亿元。由于 2021 年新推出乡村振兴票据，2022 年度乡村振兴债券发行数量和规模同比均呈现 10 倍以上增长。相较 2018 年乡村振兴债券起步阶段的发行数量 3 只和发行规模 5.90 亿元，乡村振兴债券用较短的时间实现了较快增长。在 2021 年发行的 176 只乡村振兴债券中，地方政府债发行 19 只，交易所主管乡村振兴专项公司债券发行 22 只，银行间交易商协会主管乡村振兴票据发行 135 只，三个券种分别占比 10.80%、12.50% 和 76.70%。在乡村振兴债券发行快速增长的背景下，中金公司作为领先的做市商，通过编制乡村振兴信用债精选指数，创新性地增加了乡村振兴金融产品供给，这类指数产品的投资能够改善乡村振兴债券的流动性，促进乡村振兴债券的后续发行。

（二）量化乡村振兴债券的业绩参考基准，为乡村振兴战略引入增量资金

乡村振兴债券市场在 2021 年获得大发展，市场对这类债券的参与度逐步提升，中金公司积极推动乡村振兴债券的定价工作，通过编制乡村振兴信用债精选指数，对这类债券的业绩进行量化分析，并通过中国债券网和 MOX 等权威途径发布。为债券投资者进一步深入了解和投资乡村振兴债券，提供了高质量的业绩参考基准，吸引更多资金投资到乡村振兴债券，为乡村振兴战略引入增量资金。

（三）中国资产走向海外，讲好中国信用债故事

一直以来，农村金融发展水平不高，成为制约做好"三农"工作和推

动乡村振兴的痛点、难点。特别是对外开放的过程中，让境外投资者了解中国的乡村振兴战略，将境外资金引入金融服务农业现代化，是我国金融服务实体经济的"短板"。中金公司发挥国际化业务优势，积极响应国家推进金融供给侧结构性改革的政策导向，通过在境外挂牌乡村振兴信用债精选指数，力求对全球投资者讲好中国信用债故事，引导更多金融资源配置到"三农"重点领域和薄弱环节，更好满足乡村振兴的金融需求。**G**

"保险+期货"
助力云南省广南县白糖产业振兴

光大期货有限公司

一、案例概况

云南省广南县是全国52个挂牌督战贫困县之一，2020年11月宣布脱贫，是我国最后一批"摘帽"的贫困县。2021年8月，被列为国家级乡村振兴重点帮扶县。

糖料蔗种植产业曾经是广南县重要的农业产业，广南县曾被列入2015~2020年国家糖料蔗主产区。然而，近几年糖料蔗种植面积大幅下滑，由高峰时期的14万亩下降至2万亩。如何重振糖料蔗产业成为广南县农业发展的重点工作，也是实现乡村振兴过程中的一道难题。

为此，地方农科局通过引入专家加强对农户种植技术指导、给予蔗农政策性倾斜等多种方式鼓励蔗农积极耕种。然而最为核心的问题是价格，过去几年种植面积下降的主要原因在于白糖价格低迷，农户种植收入下降。价格由市场决定，且难以预测，如何解决价格问题，成为困扰地方蔗糖产业的痛点。

在郑州商品交易所（以下简称郑商所）的支持下，光大期货有限公司（以下简称光大期货）联合国寿财险云南分公司在广南县开展白糖"保

险＋期货"项目。项目总保费126.23万元，总保额4514万元，承保糖料蔗种植面积2.02万亩，实现县域全覆盖；最终理赔121.32万元，赔付率高达96.11%。该项目的成功实施，助力广南县决胜脱贫攻坚战、直接服务"三农"，同时也为金融服务实体产业提供了典型案例。

二、主要做法

价格，是期货市场的核心。一方面，商品可以通过期货市场进行定价，即发现价格功能；另一方面，相关企业可以利用期货市场对价格风险进行管理、对冲，即规避风险功能。了解到广南县蔗糖产业发展所面临的价格风险问题后，光大期货组织内部专家研讨，并决定向当地引入"保险＋期货"模式，帮助地方产业解决价格难点。

"保险＋期货"模式较为成熟，且优点突出。首先，中央一号文件连续6年提及。一方面表明中央层面对于该模式的高度认可；另一方面也有助于得到地方政府对于创新模式的支持。其次，"保险＋期货"类似于传统农险，但是保障作用更强。地方政府及农户对于传统农险比较熟悉，借力保险公司，该模式更容易被政府及农户接受，保险端操作流程也更容易实现。最后，"保险＋期货"可以针对性地解决当地蔗糖产业所面临的价格风险管理难题，满足地方产业发展需求。

"保险＋期货"模式如下：针对农户或新型农业主体实际需求，保险公司基于郑商所白糖期货价格，开发糖料蔗价格险；农户或新型农业主体通过购买保险公司的产品，防范价格风险，增强收益；保险公司通过购买期货公司风险管理子公司的场外期权产品将价格风险转移给期货公司风险管理子公司；期货公司风险管理子公司在期货市场对冲风险，最终形成风险分散、各方受益的闭环。

为了帮助当地农户减轻保费负担，广南县政府、光大期货及国寿财险云南分公司决定成立项目组，申请郑州商品交易所"保险＋期货"项目试点。在申请方的努力下，项目获批，得到了郑商所的大力支持，帮助农户解决保费问题。

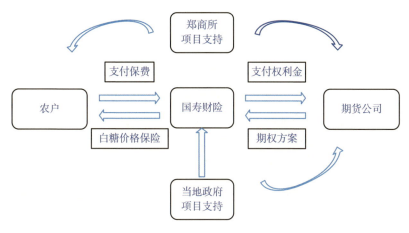

广南白糖"保险＋期货"模式流程

三、成效反响

（一）保障农户，项目成效好

广南白糖"保险＋期货"项目总保费126.23万元［其中郑商所支持100万元（占比79.22%）、广南县政府补贴14.98万元（占比11.87%）、光大期货有限公司出资11.25万元（占比8.91%）］，总保额4514万元，承保糖料蔗种植面积2.02万亩，覆盖广南县糖料蔗种植面积的90%以上，实现县域全覆盖。保险结束后，最终赔付121.32万元，赔付率高达96.11%。平均每亩赔付60.05元，据初步估算，农户每亩利润增收近10%。

（二）深入扶贫，政府高度肯定

广南县之前为深度贫困县，2020年是52个挂牌督战县之一；2020年11月宣布脱贫；2021年8月，被列为国家级乡村振兴重点帮扶县。项目扶贫程度深，效果好。2021年1月，广南县委县政府授予光大期货"扶贫明星企业"称号。这是对光大期货广南扶贫工作的高度认可，更是对"保险＋期货"模式及效果的高度肯定。

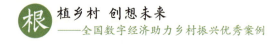

（三）雪中送炭，助力产业振兴

本项目的成功完成，为广南县蔗农雪中送炭，有望助力重振当地糖料蔗产业。广南白糖"保险＋期货"的成功运作，首先，建立在白糖期货贴合产业、被广泛认可的基础上。只有当期货的价格功能得到市场认可，其风险管理、服务实体功能才能得到更加广泛的发挥。其次，项目参与各方倾力协作，各展所长。郑商所为项目提供资金支持，极大程度解决了农户出资难的问题；光大期货通过和县政府、白糖行业调研，并结合白糖价格行情，制订出切合当地实际及市场行情的方案，最终达成96%的高赔付效果，大大加强了对农户保障以及参与感；国寿财险云南分公司为项目具体实施提供了强有力保障，一方面从始至终保证项目运作规范；另一方面为地方政府及农户提供优质的保险服务。最后，地方政府高度重视。初期，光大期货积极联系上海援滇挂职干部推进项目，得到地方政府认可。运行过程中，广南县农科局为项目实施提供了强有力保障。结项后，理赔效果显著，得到广南县政府高度赞扬。

四、典型意义

广南白糖"保险＋期货"的成功运作为今后类似项目的开展提供了典型案例，同时也给我们带来了深刻的思考与启示。

（一）期货市场服务国家战略大有可为

白糖"保险＋期货"的成功运作是期货市场服务国家战略的典型案例。首先，助力脱贫攻坚。2020～2021年广南县从挂牌督战县到宣布脱贫再到乡村振兴重点帮扶县，是我国脱贫攻坚到乡村振兴的典型地区。本项目的运作期恰好贯穿这一关键时期，为广南县决胜脱贫作出了一份贡献；其次，深度服务"三农"。项目服务对象全部是蔗农，最终赔付121.32万元，平均每亩赔付60元，蔗农每亩利润增收近10%。项目的实施改变了原有依靠直接补贴的单一扶贫模式，在遵循市场规律的前提下，更精准地保障了农民收入，丰富了扶贫手段和保险模式。最后，直戳痛点，金融服务实体。价格风险一直是当地蔗糖产业的痛点及难点，项目的成功运行既为当地提供了有效的解决方案，也培养了地方政府、企业及农户的风险管理意识。

（二）"保险＋期货"模式具有可推广性、持续性

广南县地方贫穷，"保险＋期货"在广南县第一年开展就能得到地方政府大力支持，充分表明该模式接地气，易推广。项目结束后，广南县政府专程给郑商所发送红头感谢信，以表达对于郑商所的感谢，同时也是对项目效果及"保险＋期货"模式的高度肯定。政府高度肯定、产业支持及农户理解是"保险＋期货"模式可持续开展的关键，白糖项目为广南县今后"保险＋期货"的开展打下了良好基础。

广南县人民政府

感 谢 信

郑州商品交易所：

　　2020年，在广南县举全县之力、拼尽全力、穷尽办法、熬尽心血打赢脱贫攻坚战的关键时期，贵所助力广南县实施了白糖"保险+期货"县域全覆盖试点项目，累计投入保费达到126.23万元，保障金额超4514万元，保障甘蔗种植面积达2万余亩，白糖产量达9000吨，惠及农户累计达1256户，其中：建档立卡户56户。贵所的关心、支持、帮助有效保障了我县蔗农种植收入，积极推动了地方蔗糖产业稳定发展，为巩固广南县脱贫成果提供了有力保障。"保险+期货"试点模式具有较强的示范效应，不仅提高了地方蔗糖产业价格风险管理意识，也为构建新型糖料蔗支持保护政策体系提供了实践经验和样本参考。

　　在此，广南县人民政府对贵所的支持、帮助、关心、厚爱表示衷心的感谢并致以崇高的敬意！同时，恳请贵所在我县深入实施乡村振兴战略中，一如既往地关心支持广南的发展，我们一定会努力将广南的蔗糖产业打造成为提高农民收入的重要支柱产业。

2021年3月23日

广南县人民政府感谢信

（三）期货行业需和地方政府及行业协会形成合力

"保险＋期货"模式已经连续 6 年被写入中央一号文件，充分表明了国家对于该模式的认可与重视。但是在实际推广过程中不同地区、不同产业差异化较大，主要原因在于不同地方政府对于模式的理解不同，不同产业和该模式的结合度不一。因此我们建议期货行业选取重点地方、结合重点产业，加大力度形成合力，打造"保险＋期货"模式可持续助力产业升级的示范田。**G**

第五部分

地方金融组织、金融科技公司
和数字技术企业等

聚焦"毛细血管" 迸发县域经济新动能
——信也科技高效助贷新模式

信也科技

一、案例概况

"县域经济"是近年的热词,"以工补农、以城带乡"的典型区域经济模式广泛吸引社会关注。《2019 年县域经济高质量发展指数研究成果》显示,中国县域经济总量已达 39.1 万亿元,约占全国的 41%。第一产业全国占比超过 75%,第二产业全国占比超过 40%。

享有规模大、范围广等发展潜力的同时,"县域经济"也面临着分布散、底子差、数字化程度低等问题。其中,由于运营成本高、资金实力弱等种种因素的制约,县域金融信贷服务及金融供给的主渠道作用呈现逐渐弱化的态势。总体表现是金融信贷投入总量增长缓慢,无法满足县域经济发展的合理资金需求。离开金融支持,县域经济的发展便会因"缺血"而萎靡不振。

解决"县域经济"的信贷支持问题,离不开金融科技的发展。信也科技作为中国第一批金融科技企业,伴随行业周期历经了十多年的发展。如今,企业依托自身的科技科研投入,推出了多项智能平台,构建集获客、风控、资金匹配、贷后管理、运营支撑等全方位的智能系统,打造了扎实的数字化底盘,已经成长为综合性的数字科技企业。

植乡村 创想未来
——全国数字经济助力乡村振兴优秀案例

公司坚守"普惠"初心，致力于利用数字科技构建高效的金融服务工具，利用旗下运营平台"拍拍贷"，为实体经济主体和金融机构搭建"连接器"的作用。经过数年来的发展与摸索，公司目前针对种植养殖、农产品加工、农产品新商贸等县域经济重点领域，通过完善资金需求方的信用体系，以及同期提高金融机构资金的匹配效率，力求保质保量满足县域经济发展的资金需求，稳中有进推进乡村振兴。

二、主要做法

如果说传统金融解决的是"县域经济"金融"大动脉"问题，信也科技则更致力于解决"县域经济"的金融"毛细血管"问题。

县域经济中的个体用户构成复杂，涉及社会各个门类，因其规模小，稳定性较差，通常没有完善的信用数据，造成信用数据积累差，可用性低。这使得他们的信用水平难以依靠自身提供的信息进行很好的评估，甚至难以通过传统的风险审核或获取足额的借贷资金。模糊的信用水平造成县域经济中的个体用户普遍面临借款难、借款贵的问题。

为了解决该问题，信也科技利用自身多年的技术积淀和成熟的风控模型，通过风险识别前置、投放全流程结合，从源头控制风险。与此同时，信也科技旗下的"拍拍贷"平台已积累有长达 15 年的金融服务经验，除丰富的历史服务用户数据外，也积累了大量的外部数据服务商，可以获取、收集多维度的数据信息，实现了信息的交叉验证以及对用户的立体精准画像，充分挖掘、满足用户的信贷需求；并沉淀了厚实的数据分析经验，拥有更精密的文档和测试管理，现已经有明镜、魔镜两套非常成熟的模型。明镜，通过关系网络算法识别用于反欺诈，利用底层数据搭建，构建复杂的关系网络，评估用户的真实身份，经过算法模型的快速计算，针对第一方欺诈、第三方欺诈及团伙诈骗进行有效的识别和分析。魔镜，用于风控自动化审核，建立魔镜信用评分体系，运用多维大数据对用户进行信用评估。基于 LTV 以及多场景审批和额度决策，风控水平持续提高，坏账率保持稳定，但审批通过率不断上升。该系统的广泛运用，有效降低了用户的借款门槛，给更多用户提供进入金融活动的可能性。

在解决用户风险评估的同时，信也科技积极链接金融机构的资金，高效率、低成本地流入县域经济。信也科技自主研发了一站式、自助化的机构资金管理平台——魔方平台，该平台抽象并沉淀了资产和资金的通用管理能力，面向资产可进行多种类型资产的快速接入；面向标准化对接的资金方，可在无须编码的情况下，通过机构入驻系统配置快速完成一家合作机构的对接。在资产资金的匹配路由上，支持多种规则的实时高效匹配，甚至是秒级匹配，放款满标率达99%以上。该平台支持多种业务模式以及银行、信托、消费金融、小贷等多种金融机构的接入。系统的开放性，为资金流入"县域经济"降低了门槛，提高了效率，进而保证了用户可以快速地匹配到资金，极大提高了用户借款单效率。

通过不断强化金融科技手段运用，信也科技加强了对重点领域和困难行业的支持力度。在面对疫情和自然灾害的情况下，结合实际情况和大数据反馈，信也科技提出了有针对性的公益免息或延期还款服务，帮助很多企业和个人用户承受住了复杂背景下的发展挑战。在2022年，信也科技携手中国国家举重队，针对农户和小微商户提供亿元免息贷款，助力乡村振兴和相关产业的发展。

"挺你！中国力量" 亿元免息贷款活动海报

对于较为典型的贫困地区，信也科技提供了有针对性的长期公益性活动。自2017年起，公司连续5年支持凉山地区建设，并于2020年在凉山彝族自治州美姑县基伟村捐建信也爱心幼儿园，帮助当地建设一系列的基础设施。

三、成效反响

根据财报显示，2021 年全年，信也科技全年促成借款金额 1374 亿元，其中超过七成来自县域经济区。面对着新经济态势的长远发展需求，聚焦"县域经济"，提供"雪中送炭"的金融信息服务是信也科技持续努力的目标。

目前，信也科技旗下风控系统日均处理近 100 万风险评估需求，单个用户风险处理时效 1 秒以内，单次可处理超过 5000＋变量。通过强大的风险识别能力，能够既快又准地帮助用户做好风险评估，获得金融机构认可。同时，在资金匹配端，魔方平台已接入超过 100 家金融机构，通过平台技术算法赋能，整体效率提升 37％，实现收到借款需求后秒级匹配资金，资金匹配成功率达 99％以上。

"最早的时候我只是个打工仔，在我们当地一个美食广场的烧烤摊给人家干活。后来做着做着熟悉了，于是自己开了一个 33 平方米的小作坊，现在产量供应不足，已经开了第二家工厂了。创业至今，总体亏一点，但是库存有很多货，主要是现金流比较紧张，经常需要"拍拍贷"提供帮助。但我不后悔自己创业的选择，因为我的工作时间是弹性的，可以帮助身边的邻居或者宝妈们，能在带娃之外的有限时间里，赚到一些钱，自己养活自己。"

——辽宁王先生 冷冻食品加工厂厂主

冷冻食品加工厂厂主王先生

"2019年我开始创业，放弃了小康的生活，带着家人搬进农村。经过自己的努力和大家的支持，如今已经承包了1000亩农民的土地，还和当地合作建起了一个养殖场，带动了当地百村的经济发展。经营过程中，经常需要前期投入大额的成本，饲料、药品之类的费用就是一大笔，幸好'拍拍贷'每次都能给我提供及时的帮助，让我不断坚持下去！"

——甘肃马先生 羊肉养殖场主

"四年前，看到朋友回乡创业的成功事例，我便也动了心思，选择投身木耳种植这一行业。在朋友的帮助和自己的摸索下，现在算是小有规模，有了15亩地规模的种植园。但在木耳采摘上市前，大笔的人力和材料费用对我们这个小家庭来说十分庞大。朋友介绍了'拍拍贷'给我们，没想到一用就是很多年，顺利帮我们渡过了一次次的资金周转难关。最近，我盘了盘手上的积蓄，打算利用这次免息活动，给我们的小园子盖个大棚，把我们特色的东北柞木种植搬进去，再也不怕恶劣天气的影响！"

——吉林欧先生 木耳种植园园主

木耳种植园园主欧先生

"在外创业失败，满心悲伤的我想回到老家休息休息，重新出发。没想到，大家都跑去城里打工，把家乡的土地都荒废了。我是农民的儿子，看不得土地被这样浪费。于是决定和老婆、朋友们一起创业。之前大家只知道种烟草，我决定多种植几样，增加农作物的多元化。'拍拍贷'及时为我提供了创业资金，还有后续一次次购买设备、肥料及农作物的资金。

如今我的种植园有 50 亩，但是带动当地种植 500 多亩，每年能帮助 600 多位老乡就业。看着农作物收成高，我高兴；看着乡亲们的笑脸和重新焕发生机的土地，我更高兴。感谢'拍拍贷'为我们提供的帮助，给我的家乡注入了新的活力！"

——福建肖先生 农业种植园园主

四、典型意义

（一）聚焦县域经济的"毛细血管"

依托平台自身优势和 15 年数据经验积累，聚焦服务县域经济的普通个体、小微商户，通过个性化的产品配置，快速帮助用户做风险评估，匹配其资金需求。短期内助力解决企业及个人面临的融资和借款问题；同时也推出一系列经营和金融知识科普视频，配以陆续上线的工具服务如车辆估值、房屋估值及社保缴纳等，用数字化技术提高企业和个人的相关素养与经营能力，提升县域个体的内生动力。

（二）风险评估，资金匹配两头抓

致力于做用户和金融机构的"链接器"。通过自身技术积累，一端通过数据模型，实现高效便捷的全流程线上接入，精准刻画用户的风险及信用数据，解决服务县域经济的小微及个体"短小频急"的资金需求；另一端通过搭建一站式、自助化的机构资金管理平台，帮助接入更多优质社会资本，解决金融机构资金匹配问题，降低银行及金融机构在助力县域经济时遇到的风险成本、运营成本及服务成本，提升金融机构县域金融服务的精准度和有效性。

（三）社会责任融入商业模式

近年来，随着数字经济迅速发展，数字普惠金融发展也进入了快车道。在《关于实现巩固拓展脱贫攻坚成果同乡村振兴有效衔接的意见》的指引下，信也科技将视角延伸至乡村振兴战略，重点耕耘数字信贷领域。践行"普惠"初心，让有融资需求但是风险数据缺乏的县域经济个体，可以通过数字经济积累信用资产。在数字授信、数字评级的技术加持下，原本难以识别的农村客户有了更精准的个人信用画像，扩大了县域经济中参与金融服务的用户基础。

这样一来，服务于县域经济的小微及个体商户，在面临资金匹配和资金需求的情况时，能够快速收获相应金融支持和便捷服务。可以补齐县域普惠金融体系建设的"短板"，更好地对接和满足多元化的农村金融服务需求。

同时，信也科技搭建的数字化服务也应用于多元化的金融机构和银行，能够帮助传统农村金融机构抓住机遇、实现发展。在便利城镇资金注入的同时，也在助推县域经济的资金回流与高效利用，从根本上赋能县域经济可持续发展。**G**

数字金融润沃野　柳暗花明新天地
——山东农担创新构建"数字乡村场景金融"

山东省农业发展信贷担保有限责任公司

一、案例概况

从历史经验看，农业弱质性、信息高度不对称、农业经营主体担保物匮乏、金融素养偏低等成为制约农村金融发展的顽固因素。为解开农村金融"融资难、融资贵"的"紧箍咒"，多年来，从民户联保到供应链闭环，从亲朋保证到农村产权资产抵押，从小额分散操作到过程监控管理，农村金融机构遍尝各法，但乏善可陈。2015 年开始，国家建立农业信贷担保体系，尝试利用财政支撑的国家信用解决农村金融"短板"，走出了另外一条支持路径。但是，农担体系的建立并不能完全解决上述农村金融"顽疾"，投入 655 亿元的财政资金建立起全国农担体系后，直到 2020 年初，全国在保余额仅为注册资本金的 1 倍，且普遍存在业务开拓困难、成本及代偿风险居高不下等现象。拥有 40 亿元注册资本金的山东省农业发展信贷担保有限责任公司（以下简称山东农担）直到 2020 年初，在保余额仅 50 多亿元，离政策预期目标相差甚远。

农业担保体系承载着解决农村金融问题的重要政策职能，是解决农村金融市场失灵的国家力量，但扫村扫街、现场营销、躬亲尽调、人海战术、逐笔审查等传统小微金融模式，在资源和能力上早已触及农担业务规模的"天花板"，继续盲目推进不仅于事无补，反而可能会由于过程粗糙、监控缺位等原因，置农担体系于巨大风险之中。一方面是国家政策的殷殷希望，另一方面是举步维艰的现实条件，严酷的发展困难倒逼着山东农担寻找着出路、寻找着希望。2020 年伊始，在新冠肺炎疫情肆虐的高峰期，山东农担在焦灼的困境中提出了向金融科技要规模、以数字技术促发展的方向。事实证明，这个抉择是正确的，截至 2022 年 12 月末，山东农担累计为全省"三农"领域提供担保贷款 1328.5 亿元，扶持 23 万户农业经营主体，是全国农担体系中首家累保破千亿元的省级农担公司，各项主要业务指标均居全国 33 家省级农担公司首位。

数字技术的全面应用，让陷入困境的山东农担柳暗花明，不仅自身找到了更广阔的发展天地，也为全国农担体系发展提供了"蓝图"，为金融支持乡村振兴找到了一条现实路径。

二、主要做法

农担要发展，必须突破传统业务模式。为此，山东农担加快数字化转型步伐，从改变传统纸媒业务方式、跨界整合信息开始，利用数字化信息技术串联起农业经营主体、银行、政府、社会机构资源，打破银行与担保机构的坚固"壁垒"，实现业务操作与风险控制的高度人机协同，逐步把员工从低效劳动中解脱。经过两年多持续不断的探索，山东农担实现了担保业务的全面数字化转型，取得了显而易见的成效。

（一）打造聚合化数据应用平台

山东农担数字化转型核心是围绕数据要素进行顶层设计，构建自动生成数据机制，多渠道整合外部数据，实现"聚数、用数、活数"。一是抓取基础数据。发挥"省市县乡"四级数据采集网络作用，全面对接省级政府部门，获取全省涉农主体基础数据，并由山东农担市县乡三级基层机构补充省级汇总不足的数据并统一纳入数据中台管理，截至 2022 年 8 月末，已采集数据 376.29 万条，涉及 227.25 万户经营主体。二是联通政务数据。通过山东省大数据局接入婚姻登记、车辆抵押等来自 10 个省直部门的 37 个数据源接口；通过山东省自然资源厅接入遥感、测绘数据；在地方政府支持下，连入荣成市信用中心、高青县黑牛智慧管家系统；等等。在山东省农业农村厅的大力支持下，高标准完成新型农业经营主体数据服务平台一期建设，推动农政数据汇聚整合、共享共用，积极构建"全省农业一张网"，对16类农业数据进行连接打通，实现了对1700万个自然人经营主体、近10万个企业经营主体的多维数据整合。三是引入第三方数据。结合农业信贷场景及风险审查经验，连接中国银保信、银联智策、同盾、汇法、百维金科等10多家数据服务商，通过市场化机构采购多维度、高质量的第三方数据。四是接入征信数据。山东农担历时1年多成功接入中国人民银行二代征信系统，成为全国第一家获批开通征信查询权限的省级农担公司，实现对代偿后的相关债务人履约情况进行征信上报，进一步加强对客户、反担保人的履约约束。五是打通银行数据。与银行系统互联互通，实现银行贷后数据自动传输，为无感贴息、按日计费、按提款额计费等提供数据支持，目前已经实现与中国农业银行山东省分行、中国工商银行山东省分行、山东省农村信用社联合社、北京银行济南分行、日照银行的数据共享。六是生成产业数据。通过产融赋能构建利益联结机制生成产业数据，打造大田托管智慧服务平台，布局智能化、移动式冷箱设备，获取生产、加工、仓储、物流及交易数据，进行加工分析形成金融级数据和客户白名单。在大数据支持下，山东农担可实现对全省新型农业经营主体的精准画像，进一步拓展了农业农村大数据应用场景，使数据红利加快释放。

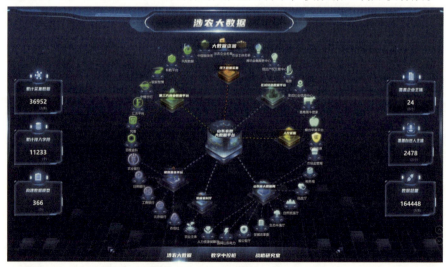

山东农担多维度整合涉农大数据，涉及数据总量16.4亿条

（二）打造一体化业务办理平台

山东农担数字化转型坚持需求导向、问题导向，聚焦业务发展过程中"急、难、愁、盼"问题，推动流程再造，实现业务全流程线上办理。一方面，打造"鲁担厚植"担保业务管理系统及"鲁担惠农"移动小程序，搭载 OCR 证照识别、电子签章、线上签约、扫码付费等金融科技，实现了从客户申请、风险预审、项目提报，到风险审查审批、出具批复、签约收费、放款确认、客户贴息等业务全链条覆盖，全部流程一网通办、自动验证。另一方面，与主要合作银行打通业务系统，支持近 3 万名银行客户经理在线处理业务，实现银担业务办理流程、数据实时交互，解决客户经理两个系统重复录入信息及内外网切换等问题，大大简化了贷款办理手续。通过上述操作，减少了人为干扰，为业务提供了稳定的客观信息和技术支持，目前，山东农担平均每人每天业务量从过去 8 笔提升到现在的 30 笔左右，单个项目办理时间从 10 天压缩到 1～3 天，部分业务实现秒批秒放，人均在保额达到 2.17 亿元、390 个项目，远高于全国 0.9 亿元、287 个项目的平均标准，全员劳动生产率是全国的 2 倍以上。山东农担数字技术实现了向现实业务生产能力的成功转化，为农服务效率质量显著提升。

（三）打造全流程风险管理平台

提升风险管控能力是山东农担数字化转型的核心任务之一，为此山东农担开发了智能授信、审批系统，建立了农业细分产业风险控制参数和模型，通过数据尽调、大数据审查，逐步实现数字化、智能化风险管理。一是在额度控制方面，通过搭建评级授信系统，综合运用批量获取的行业数据、社会公开数据及产业链交易数据等，对产业集群、产业链客户进行初步筛选，为各类潜在客户匹配预授信额度，防止过度授信。二是在风险排查方面，设立自动预审系统。通过运用涵盖黑名单、工商负面、司法负面、多头借贷、关联关系等 138 组规则集的通用风险策略对客户进行预审，对项目风险源头进行有效把控。通过开发 CRM 系统，多维度获取信息数据，围绕客户信息、关联信息以及资产、信用、经营信息等，对客户进行

穿透审查。通过打通 CRM 系统和担保业务管理系统，自动把客户关联图谱、大数据审查报告输出到风险审查审批环节，实现风险审查审批的人机高度融合。三是在保后管理方面，充分利用数字技术，自动生成资产质量报告和关联风险分析报告，实现风险信号的自动发现、提前预警，精准指导保后管理工作。在"大数据＋人工"风险管理模式的支持下，山东农担实现通过"软信息"交叉验证和"硬数据"科学判断防控风险，构建了全流程化、全天候的人机互动风险监控模式。

（四）打造全天候客户直通平台

为提高数字化服务效能，搭建银行和客户之间的线上桥梁，进一步增强客户的选择权、话语权和主动权，山东农担打造了"24 小时不打烊"的客户直通平台，实现对客户需求的主动触达、快速响应和高效转化。通过平台，合作银行可像网上开店一样入驻平台"销售"贷款产品，客户经过预审后可货比三家自主选择贷款银行，银行登录平台进行"抢单"，农业经营主体通过手机扫码就可实现足不出户拿到贷款，有效提升了客户获得感和满意度。同时，在农业农村部指导支持下，山东农担客户直通平台与"信贷直通车"实现双向融合，农业农村部利用"家庭农场""合作社""高素质农民"等政府系统数据对客户主体进行验证，并反馈政策性保险情况，真正做到了"让数据多跑路、让群众少跑腿"。截至 2022 年 12 月末，平台累计获客 1.5 万笔、金额 128 亿元，银行接单 1.06 万笔，金额 85.3 亿元，放款金额 41.26 亿元，撮合成功率高达 82%，获得农业农村部高度认可并组织专题调研。

三、成效反响

全国性的农业信贷担保工作建立仅六年时间，诸多领域不仅对山东农担甚至是对全国农担体系，都是空白。山东农担的做法许多是拓荒式的创新，不仅对全国农担体系发展有重大意义，对全国农村金融体系也有鲜明的参考意义。

山东农担数字化平台，集合新农数据服务平台、客户直通平台、担保业务中台、农村数字普惠金融驾驶舱、潜客引擎、行业预警及重点农产品信息发布平台等

（一）业绩成效

在数字化转型的强力推动下，山东农担累保、在保金额分别由 2019 年的 66.9 亿元、55.5 亿元提高到 2022 年 12 月末的 1328.5 亿元、606.2 亿元，2022 年全年新增担保贷款 472.4 亿元，是 2019 年新增业务量的近 10 倍。累保、在保、新增担保三项主要业务指标在全国 33 家省级农担公司中的位次由第 13 位、第 8 位、第 6 位全部提高到第 1 位，分别是第 2 名的 1.40 倍、1.77 倍、1.39 倍，山东农担虽然在全国 33 家公司中成立最晚，但却仅用占全国 1/16 的资本金、1/19 的人员完成了全年全国 1/6 的新增额，在保额占全国 1/6、累保额占 1/8。担保代偿率控制在 0.25%，远低于全国 1.35% 的平均水平，连续三年在全国省级农担公司风险管理评估评价工作中获评 A 级。

（二）社会反响

山东农担取得的巨大进步和突出业绩引起了全国各界的广泛关注，其中数字化转型在全国农担体系中发挥了良好示范带动作用。2021 年 7 月在济南召开了全国农担体系数字化转型现场观摩会，将山东农担的经验作为全国学习典型进行大力推介。山东农担"数字乡村场景金融"工作，获评山东省级大数据创新应用典型场景及山东省属国资国企亮点工作；线上"农耕贷"产品荣获首届齐鲁普惠金融优秀案例一等奖并获 2020 年山东省大数据创新应用技能大赛一等奖；数字供应链增信平台获评 2021 年省属企业数字化转型试点示范项目并入选省属国企数字化展厅展示；"客户直通"平台被评为省级大数据创新应用优秀解决方案及省级支持经济高质量发展优秀金融创新产品。全国政协《政协信息专报》刊发《创新政策性担保模式 破解农业融资"难贵烦"》，深入介绍山东农担的做法和成效，中央领导同志批示相关部委阅研。山东省委、省政府主要领导同志、分管领导同志多次作出肯定性批示。山东农担抗疫保春耕的实践案例被《人民日报》评选为"中国普惠金融典型案例"，被《农民日报》授予"中国乡村振兴服务典范企业"，获评 2022 年度"山东省乡村振兴特别奉献奖"，连续三年获评"山东社会责任企业"。

2021 年 7 月在济南召开了全国农担公司数字化转型现场观摩会，
山东农担的经验作为全国学习典型进行推介

四、典型意义

山东农担创新打造的"数字乡村场景金融"模式，不仅直接撬动超千亿元金融资本投入乡村振兴产业领域，更是为正在发展的全国农担体系提供了可复制、可推广的有益经验，为农业担保、农村金融勾勒出了一幅蒸蒸日上的无限前景。具体体现在以下几个方面：

一是为解决传统农村金融困境提供了可靠范式。受制于"三农"自身的客观原因，困扰农村金融发展的高成本、低效率、浅覆盖等困难一直不能有效解决，"融资难""融资贵"问题高悬不下。山东农担创新构建"数字乡村场景金融"，不仅改变了物理障碍带来的高成本劣势，而且充分发挥互联网广覆盖、可移动的优势，建立了直通客户、方便农民、广泛互联的综合支撑体系，提升了效率，降低了成本，方便了农户，降低了风险，也为各类银行、小贷公司等中小微金融机构（组织）的农村金融业务转型提供了成功样板。

二是为全国各级农业信贷担保机构提供了直接担保业务经验。在山东农担数字化转型卓有成效之前，全国除了河南、安徽、重庆等个别省级农担机构尝试探索数字化转型外，尚未形成比较完善的经验可供借鉴，以至于相当一部分机构对农担业务数字化转型持保留态度。山东农担从2020年3月开始，在新冠肺炎疫情最严重的危困时刻逆势飞扬，极大增加了全国农担机构的信心。2021年7月全国农担数字化转型经验交流观摩会召开以后，许多省级农担机构纷纷前来学习。山东农担数字化转型解决方案成功输出到国家融资担保基金体系、北京农担公司，并中标国家融资担保体系数字化转型建设方案，建立了全国融资担保体系的数据标准，起到了行业示范引领作用。

三是为塑造公平的地方金融生态提供可操作模式。山东农担充分发挥政策性融资担保资源稀缺性优势，通过建立公开信息平台，广泛引导金融机构积极进行利率、费率和服务方式的竞争，通过互联网形式的广泛议价和竞争磋商，赋予客户选择银行的权利，引导银行主动调整利率和服务方式，形成了相对公平、公开的农村金融市场，倒逼银行降费和改善服务方式，整体上提升了当地金融市场化水平。平均来看，山东农担介入的信贷业务比未介入的业务银行利率下降约20%，财政政策支持下客户实际承担的综合融资成本更是下降60%以上，这种由政策性担保机构引导的农村金

融市场一改往日银行为主导的金融生态，山东农担的做法为形成可持续发展的地方金融生态提供了非常宝贵的经验。

数字化转型为山东农担高质量发展插上腾飞翅膀。作为敢于"吃螃蟹"者，山东农担扭转了一度山重水复疑无路的徘徊局面，在齐鲁沃野中找到了柳暗花明的新天地。G

"数字金融＋普惠实践"：
平安普惠"金融＋"乡村多维振兴模式

平安普惠融资担保有限公司

一、案例概况

平安普惠融资担保有限公司（以下简称平安普惠）积极响应乡村振兴战略，将服务城市小微的深厚能力赋能乡村，通过多方合作创新支持乡村小微群体经营与发展，协助推进乡村振兴发展。开发"行云""平安普惠惠农贷"数字金融科技，同时围绕农村女性发展、产业协同发展模式、传统文化传承与商业赋能、绿色乡村发展等方面，联合中国妇女发展基金会、中国扶贫基金会、大熊猫国家公园、东北虎豹国家公园等机构，开展"金融＋女性""金融＋产业""金融＋文化""金融＋双碳"等普惠金融实践项目，从乡村小微群体的实际需求出发，有机结合"数字金融"与"普惠实践"，实践"平安普惠'金融＋'乡村多维振兴模式"，助力乡村小微群体的长期融合发展，推动"实现巩固拓展脱贫攻坚成果同乡村振兴有效衔接""数字乡村"与"农业现代化"。

二、主要做法

平安普惠从乡村振兴的多元需求特点出发，将 16 年小微服务经验与"金融＋科技"的专业优势相结合，不断总结经验，持续创新迭代，经过 7

211

年多金融支持乡村发展的探索，最终形成了助力乡村多元发展的实践模式——"平安普惠'金融＋'乡村多维振兴模式"。"平安普惠'金融＋'乡村多维振兴模式"重点关注乡村信贷融资难、融资贵等问题，通过 AI 智能贷款科技、农担商业向善合作形式，为涉农群体提供便捷的小微信贷服务，同时深入调研乡村的女性创业者、合作社带头人、非遗传承人、生态守护者等群体的核心需求，利用"金融＋"的手段，形成"金融＋女性""金融＋产业""金融＋文化""金融＋双碳"等乡村场景应用体系，有机结合"数字金融"与"普惠实践"，助力乡村小微群体的长期融合发展。

平安普惠助力乡村背景

特色一："金融＋科技"数字商业向善

"金融＋科技"是数字金融的基本要素，也是平安普惠业务驱动的根基。通过数字商业向善在乡村领域的实践，"平安普惠'金融＋'乡村多维振兴模式"陆续创新"平安普惠惠农贷""行云"等 AI 科技解决方案，赋能乡村与涉农城市小微群体，探索"融资难、融资贵"与小微金融"不可能三角"的破局之道。

"平安普惠惠农贷"首创"科技型融担＋农担"的开放业务模式，将过去由单一机构独立完成的诸多信贷环节模块化，搭建金融科技为基础的全线上开放式平台，充分发挥平安普惠在大数据建模、AI 智能科技、人脸识别技术、微表情、智能客服等应用方面的大量积累储备，使用神经网络、随机森林、XGBoost 等最新的机器学习算法搭建风险量化模型，精准识别信贷风险，为"三农"客户群提供多元化、价格可承担、体验便捷的服务解决方案。"三农"客户直接通过网页即可申请，实现了流程的简化和效率的提升。通过技术助力，放款时间也由传统模式的 7～15 天提升至最快 2 小时。

"行云"是平安普惠于 2021 年 6 月推出的业内首个针对小微客户群的 AI 智能贷款解决方案。该系统以人工智能为核心，对小微信贷流程进行改造，可实现零文字输入、全程拟人 AI 面对面服务体验、大幅降低等待时间，使小微客户借款申请流程平均耗时下降了 44%，进一步提升了涉农人群获取借款的效率与服务体验。

随着"行云"的推出，平安普惠业务系统也迈向以视频交互为主的"3.0"时代。结合商业向善"平安普惠惠农贷"等产品的实践探索，"平安普惠'金融+'乡村多维振兴模式"通过"金融+科技"的技术积累，2021 年累计协助提供涉农借款超 380 亿元，服务超 22 万人次。

"金融+科技"——"行云" AI 智能贷款解决方案

特色二："金融+乡村"振兴生态圈

"平安普惠'金融+'乡村多维振兴模式"与平安普惠为小微企业主提供借贷服务的方式一脉相承，通过深入了解潜在客户，从服务群体的真实需求出发，赋能并助力服务群体更好地做他们专业的工作。

"平安普惠惠农金"项目便是在此背景下启动的。自 2015 年起，平安普惠连续七年开展乡村支教，支教志愿者实地探访，为乡村儿童提供更加优质的教育成长环境。2016 年，平安普惠洞察到乡村留守儿童原生家庭问题的形成，与儿童的家长在乡村无法找到适合自己的工作有关，而通过向返乡农户提供无息无抵押贷款，可以扶持他们种植或养殖高经济效益作物，创业致富，实现在带动新农村经济发展的同时，也让更多进城务工人群回归家庭，从而达到促进家庭和谐、社会稳定的目的。在这个过程中，如果接收无息无抵押贷款的是女性，她们更多会谨慎使用款项并更多为儿童的教育成长做筹备。

在这样的契机下，从 2017 年开始，平安普惠与上海宋庆龄基金会、中国妇女发展基金会合作惠农金项目，充分发挥各方在金融或公益领域的专业优势，为贫困地区农村合作社女性带头人提供生产经营免息借款惠农金和创业能力建设服务。项目以增加城乡贫困妇女收入、提高妇女素质为核心，立足"造血"式扶贫救助，帮助她们改善生产生活条件，培养和树立她们自尊、自信、自立、自强的精神，推动受助妇女及其家庭走上脱贫道路，提高妇女干事创业能力及她们的家庭和社会地位，同时保证项目资金能够可持续地循环利用，不断扩大项目的规模和受益人群，探索妇女扶贫事业可持续发展的新路子。

随着项目的推进，平安普惠逐渐深入了解乡村的实际情况，围绕金融助力脱贫攻坚、返乡创业青年支持、非遗传统文化传承、国家公园建设等关键发展需求，在 2018～2021 年分别启动"平安普惠惠农贷""扶贫新农人""妈妈的针线活""平安守护者行动—国家公园"项目，逐步形成多管齐下的"金融＋女性""金融＋产业""金融＋文化""金融＋双碳"乡村场景应用体系，共同发展"金融＋乡村"振兴生态圈，助力乡村多元发展。

"金融＋乡村"——2021 年平安普惠惠农金新增发放 1000 万元

特色三："金融＋产业"助荣供应链

金融服务是产业发展的重要杠杆。平安普惠充分发挥超 16 年服务超过 1680 万城市小微客户的金融服务经验，联合中国扶贫基金会、贵州省农业担保有限公司等专业机构，打破传统金融支持涉农产业发展链条，形成"政府＋金融机构＋基金会＋合作社＋农户""金融机构＋农担＋核心企业＋农户"等多种形态，助力核心企业与合作社、农户组成信用、责任共同体，推动乡村合作社及农创者上下游产业共同发展。

在甘肃省和政县、陕西省佛坪县、江西省莲花县，平安普惠联合中国扶贫基金会，以合作社为基础，从技术与品控水平、组织化建设、价值链管理、品牌效益与销售等方面，为"新农人"提供产业发展支持，最终形成小农户与市场的有机衔接和以合作社为基础的产业综合发展，进而实现产业可持续发展和农户可持续增收。项目自 2020 年开展以来，协助甘、陕、赣三地四个合作社约 900 户社员实现了增收，其中佛坪县肖家庄村集体经济合作社在 2021 年销售的香菇与黄花菜等产品累计较上一年增收了 20% 与 10%，实现整体销售近 1 万斤。

在贵州省湄潭县，平安普惠联合贵州省农业担保公司，依托当地辣椒、茶叶等核心企业，为上游种植户提供贷款，同时核心企业保证上游种植户产品的销路，打通种植、生产深加工到终端销售的全产业扶持链条。项目自落地以来，累计向当地农户发放低息贷款 34 笔，共计 3320 万元，通过全产业扶持的模式，为当地带来投入资金倍数级的金融动力，促进湄潭茶产业走出国门，销往世界。

辣椒种植户杨胜颖等农户在 2019 年获得了项目贷款，用于扩大辣椒的种植面积，以土地流转租赁的方式，将辣椒种植基地面积扩大到一百多亩，实现同比增长超两倍，也为当地转租农户带来了额外的租金、劳务、分红等收入，同时借助当地辣椒核心加工企业形成收购合作关系，规避市场波动风险，带来了长期稳定的销路。

除了"产前"扶智培训、"产中"产业造血，平安普惠也在"产后"支持产销赋能，通过以购代捐的消费扶贫路径，在最终消费端采购各地特色农产品超过 4000 万元，为多个贫困地区特色产业打开销路，从而形成全

链条闭环乡村振兴的组合拳。

特色四："金融＋双碳"普惠生态发展

乡村的长久发展离不开"绿水青山"。随着国家碳达峰、碳中和政策的推进落实，"金融＋双碳"是"平安普惠'金融＋'乡村多维振兴模式"探索多维一体化助力乡村长期可持续发展的又一特色实践。

结合四川凉山彝族地区的发展特点，平安普惠联合中国平安集团、中国服饰报社等机构发起"妈妈的针线活"项目，以可持续发展为目标，通过旧衣回收，升级再造，在专业院校设计团队和彝族当地手工艺人的共同协作下，赋予废旧衣物新的生命，减少废弃衣物产生的环境破坏。平安普惠运用金融优势，识别项目发展"瓶颈"，资金支持该项目生产物资的采购，为当地彝族妇女提供可靠耐用的生产必备工具，助力项目长期可持续运转。项目已完成 6 期，分期采购捐赠缝纫机、裁布机等设备超 250 台，培训非遗传承地区困难家庭妇女 100 余人，共产出产品 30000 余件，人均增收 20000 余元。该项目在四川凉山的精准扶贫中取得了显著减贫成效，形成全球贫困治理的中国样本，更是走出国门，落地柬埔寨、老挝等"一带一路"沿线国家。

2021 年 10 月 12 日，在联合国《生物多样性公约》领导人峰会上，习近平总书记宣布中国正式设立首批国家公园。仅在 2 个月后，平安普惠联合中国平安集团宣布成立全国首只碳中和慈善信托并公布了支持首批国家公园及其周边乡村社区的生物多样性保护方案"平安守护者行动—国家公园"项目。

在"金融＋双碳"模式下，该项目在生态环境部宣传教育中心的指导下，联合友成企业家扶贫基金会等专业机构，探索双碳计划与生物多样性保护落地国家公园及其周边乡村社区的"1＋N"企业实践。以"1"为本，关联不同的社群、物种、企业，保护自然生态系统的原真性、完整性，把生物多样性保护带入公众视野，让碳中和成为每一个人的共同责任，促进社会的稳定与和谐成长。项目第一期已成功落地大熊猫国家公园雅安管理分局、东北虎豹国家公园管理局珲春市局，第一年支持 100 位生态守护者及栖息地改造，守护 1000 个动植物物种，守护 10000 平方千米土地。

"金融＋双碳"——平安普惠设立全国首只碳中和慈善信托

三、成效反响

"平安普惠'金融＋'乡村多维振兴模式"通过"金融＋科技"数字商业向善、"金融＋乡村"振兴生态圈、"金融＋产业"助荣供应链、"金融＋双碳"普惠生态发展等多维一体的特色探索，有机结合"数字金融"与"普惠实践"，助力乡村小微群体的长期融合发展。

通过数字金融科技赋能，2021 年度平安普惠为超 22 万位涉农产业小微企业主、农户提供融资服务超 380 亿元。截至 2022 年 4 月，平安普惠累计协助从事种植业、畜牧业、林业、渔业等农业产业的近 300 位农村合作社带头人及农创者获得帮扶资金超 1.33 亿元，直接扶持脱贫户超过 800 户、2000 余人，覆盖 14 个省份的 40 个县域。

四、典型意义

"平安普惠'金融＋'乡村多维振兴模式"勇于打破乡村项目固有边界，深入挖掘乡土文化、产业协作、非遗传承、国家公园等不同地区的乡村发展潜能，赋以 AI 智能识别、神经网络风控量化模型等前沿科技，充分

发挥金融灵活性优势，打通金融与慈善双通道；同时坚持从乡村的女性创业者、合作社带头人、非遗传承人、生态守护者等群体的真实、核心需求出发，不断打磨项目方案，长期关注并依据不断变化的需求更新迭代方案，开展"数字金融 + 普惠实践"的多维一体乡村振兴支持实践，并在项目与地方实践间形成融合的长期学习机制，助力乡村发展的长期可持续。 Ⓖ

建设新农金融服务中心
发展乡村数字普惠金融

——平普科技助力金融支持河北卢龙新型农业经营主体

河北平普科技有限公司

　　河北平普科技有限公司（以下简称平普科技）是中国领先的乡村振兴数字经济运营商，是以服务农业农村数智化与数产化建设为核心的国家高新技术企业。公司拥有农业农村领域相关知识产权近 200 项，并获得政府授予的"专精特新企业""企业技术中心""潜在独角兽培育企业"等荣誉称号。

平普科技集团是"数字乡村大脑"建设服务商

公司以"数字科技构建乡村共赢生态"为使命，始终把农业农村数字化和农信体系建设作为发展根本，历经十余年行业积淀，现已成为集"规划设计、平台建设、运营增效"等服务为一体的综合性企业。公司综合运用云计算、大数据、人工智能、区块链、物联网、元宇宙、3S技术等前沿现代信息技术，着力构建以"平普云＋生态"为平台，以"数字乡村大脑"系列产品为工具，以"一县一中心"为载体的产业链条，打造天地空一体化的农业农村信息化SaaS云平台，为农业农村政务管理、数据治理、便民助农等提供科学、便捷、阳光的专业服务。

公司秉承"担当、专业、高效、协作"的精神，为提升农业农村治理水平、助力智慧农经管理、畅通城乡要素流通渠道、下沉乡村普惠金融服务，携手各界合作伙伴"众参共治"，打造服务全国农民共同富裕的"新型实体企业"，实现"强基、兴业、善治、惠民"，助力乡村振兴。

一、案例概况

平普科技以习近平总书记关于"三农"工作的重要论述为指导，按照产业兴旺、生态宜居、乡风文明、治理有效、生活富裕的总要求，从农业、农村、农民、政务管理、美丽乡村建设、产业管理、综合治理、数据分析等方面对乡村振兴中的具体痛点问题针对性设计解决方案。平普科技独创的数字乡村"125N"模式，围绕农村集体经济（产权改革）、三资管理、新型农业经营主体、产权交易、土地经营权、银村直联等建设综合性数字乡村服务平台，平台旨在让管理更智"慧"、让资源更融"汇"、让农企农户更普"惠"。数字乡村"125N"模式的具体设计如下：

（1）一脑多效：建设数字乡村大脑，实现效率、效能、效益的统一。

（2）双中心驱动：推动线上大数据中心和线下运营中心无缝对接，相互促进。

（3）"五位一体"：系统化推进规范提升、政策支持、金融服务、农品上行、产品下行。

（4）众参共治：实现政府部门、农业企业、农户百姓、金融机构和社会团体共同参与数字乡村建设与运维。

（5）数字科技＋乡村治理：旨在为政府提供决策依据，提升农业农村信息化水平，以数字科技提升乡村治理能力，建设阳光清廉的新农村。

（6）数字科技＋产业兴旺：旨在汇聚专业机构、人才服务"三农"，共同带动乡村产业发展。

（7）数字科技＋共同富裕：旨在保障农民权益清晰，同时打通政策、金融和产业链上下游，让数字科技的红利直达农企和农户。

在数字乡村底座基础上，以新金融理念为指引，依托金融科技创新，精准施策乡村振兴。具体而言，平普科技以搭建乡村数字化综合管理服务平台为依托，以政、银、企合作为运营模式，为乡村提供便捷的"金融＋非金融"综合化服务。下面以平普科技支撑的河北省卢龙县"新农金融服务中心"为例展开汇报。

二、主要举措

为全面提升新型农业经营主体规范化管理水平，河北省卢龙县聚焦民生民利民益，与平普科技合作，于2020年底在全省率先创新成立"新农金融服务中心"，为农民专业合作社、家庭农场等新型农业经营主体提供信息化、规范化、制度化的服务，助推全县经济社会高质量发展。在开展"三重四创五优化"活动中，卢龙县政府充分发挥协调指导作用，力促"新农金融服务中心"高效运营。2021年3月19日，农业农村部农村经济研究中心一行4人来卢龙县指导调研"新农金融服务中心"建设工作，对该运营模式给予了高度肯定。"新农金融服务中心"具体实现了以下几个方面。

1. 权责运行明晰化

"新农金融服务中心"由卢龙县农业农村局、中国邮储银行股份有限公司卢龙县支行、河北平普科技有限公司三方共同建设。卢龙县农业农村局负责政策指导、综合协调及建设方案的审定和调整等工作；河北平普科技有限公司负责软件建设、中心运营管理、服务相关工作，为新型农业经営主体提供规范的财务管理、农资采购、农产品销售、金融对接、信用分析评估、运营监管、档案资料整理等全方位服务；中国邮政储蓄银行卢龙县支行依托"线上"平台为新型农业经营主体提供各项金融服务。

2. 信息管理平台化

为提升规范化管理水平，"新农金融服务中心"建设了集新型农业经营主体成员管理、股金管理、财务管理、进销存管理、项目管理、助农服务、大数据分析、监管平台等一体化的服务平台。一是优化专业合作社管理。为农民专业合作社提供社员管理、股金管理、在线记录社员信息、股金流动管理等服务。二是提供出纳管理。通过线上软件平台为新型农业经营主体提供支持支付宝资金流水导入、微信资金流水导入、银行对账单导入、内部转账、自动生成凭证、核对总账、打印导出等服务。三是监督项目资金管理。为新型农业经营主体在项目申报、项目实施过程、项目资料管理、项目验收等方面提供规范化的服务，为全面加强项目资金监管，优化政府资源使用提供坚实基础。

由平普科技开发建设的河北农业云平台

3. 助农服务链条化

"新农金融服务中心"在线上构建了"新型农业经营主体云服务平

222

台"，线下构建了"新型农业经营主体卢龙县运营中心"，实现线上线下双运行机制，提供规范的日常经营管理系统服务，打通上下游产业链，并依托大数据分析，对接金融机构打造发行指向性资金扶持或金融产品，形成就近本地服务与金融机构的深度服务链接。一是"线上"平台构建了以邮储银行为后期金融服务主体的银行"新业态"，明确新型农业经营主体业务是公司金融业务的重要组成部分，通过云管理平台，为新型农业经营主体提供开户、结算、资金监管、贷款"一条龙"服务。同时，方便吸收企业存款，提高资金使用效率。二是"线下"为家庭农场、农民专业合作社和社会化服务组织提供服务的窗口，并提供点对点的系统培训、代理记账、其他金融创新服务业务的落地支撑对接，提供财务和档案资料管理服务。三是借助邮储银行的"服务'三农'平台"，为新型农业经营主体提供农资集中采购服务，降低农资采购成本，增加市场竞争优势。

河北卢龙新农金融服务中心取得初步成果

4. 分析监管数据化

建设监管平台，加强风险研判和预测预警，及早发现本地区苗头性风险，为大数据分析提供数据及业务模型支持。一是创新金融服务。通过系统平台的建设、运营形成新型农业经营主体的日常生产经营的真实数据的积累；通过大数据分析与管理，与助农金融机构共建创新模型。为助农资金匹配真实可靠、风险可控、良性发展的经营主体；为政府补贴与金融机构资金安全提供更多维度、更全信息的风控堡垒。二是保障政府监管。平台可直观地对县、区域内新型农业经营主体进行数据分析，对经营情况进行排名，对空壳社、农场提示预警，对经营情况进行监管，对重大项目、重大资金、政府补贴资金进行跟踪监管等。三是助力用户增收。为新型农业经营主体用户提供政策支持、金融支持等方面信息服务，提供产前、产中、产后全产业链服务支持，帮助新型农业经营主体用户管控风险、降低成本、提质增效。

三、成效反响

"新农金融服务中心"有效规范了新型农业经营主体经营流程，提升了内部管理水平，同时优化了政府资源使用效率，促进了金融机构与新型农业经营主体的有效衔接，实现了重点工作智能化、信息高效化、服务便捷化，为农民稳定增收、农产品有效供给、农业转型升级提供了坚实的保障。自 2020 年 12 月运营以来，卢龙县"新农金融服务中心"已对全县所有县级以上示范社、示范场和拟申报县级示范的农民专业合作社、家庭农场开展了培训。截至 2022 年 6 月底，共有 126 家新型农业经营主体入驻"新农金融服务中心"；"新农金融服务中心"为 34 家市级以上示范社、示范家庭农场提供了规范档案资料管理；在"新农金融服务中心"，79 家新型农业经营主体已在邮储银行完成开户，其中 23 家新型农业经营主体获得助农贷款 768 万元。在"新农金融服务中心"的助力下，2021 年 6 月 21日，卢龙县正式被农业农村部确定为全国农民合作社质量提升整县推进试点县。

四、典型意义

平普科技集团在河北省卢龙县建设的"新农金融服务中心"，是乡村振兴战略背景下，在夯实数字乡村底座基础上开展的新型金融应用，在全国数字乡村建设、数字金融支持乡村振兴实践中具有较强的典型意义。

第一，发现了完善乡村数字基础设施的科学路径。当前我国乡村地区的信息网络建设逐步加快，但各地普遍存在农民素养有待提高、信息化应用水平不高、农村数据资源难以共享等问题。乡村数字基础设施还比较薄弱，支撑农业农村产业数字化能力不足。"新农金融服务中心"提供了一个重要的建设思路和实践基础。

第二，实现了数字乡村服务平台的简易应用。对农民来讲，眼见为实，当下见效最好。农村电商、移动社交、数字娱乐在农村普及较快，就是因为简单实用。从"淘宝村""微商村"到现在"直播村"的出现，也是因为易于应用推广。"新农金融服务中心"即是以简单实用为原则而专门开发的适应农业农村农民实际的、更接地气的数字化应用。

第三，找到了数字乡村与社会治理的结合点。如何将成熟的数字应用与乡村治理体系相结合，在发展集体经济、民主监督、移风易俗等方面发挥积极作用，成为数字乡村发展重点探索的内容。疫情防控中，一些地方开始探索乡村政务服务数字化，表现出很好前景。

第四，指明了乡村人才振兴的一个新方向。现在乡村发展中的问题，一个重要的制约是没有人才，甚至有的地方连人也缺。初期的示范引领者缺失，是数字乡村发展的重要"瓶颈"。应结合乡村人才振兴，加大数字乡村复合人才的培养，支持数字乡村创新创业，推动数字乡村发展。

第五，指引了探索乡村经济新业态的着力点。通过深化制度机制创新，加强农业农村数字化转型，让现代化技术和农村各领域各环节能够深度融合，推动农村生产的智能化、经营的网络化，可以大幅提高农村的产出率、生产率及资源利用率。❷

"全产业链"助力甘肃三县巩固拓展脱贫攻坚成果 接续推进乡村振兴

中国建筑集团有限公司

一、案例概况

中国建筑集团有限公司（以下简称中国建筑）定点帮扶的甘肃省临夏回族自治州康乐县、甘南藏族自治州卓尼县和陇南市康县（以下简称甘肃三县）提前实现了整体脱贫"摘帽"，累计减贫19.6万名群众，345个贫困村全部脱贫出列。2021年以来，定点帮扶工作重心已历史性转向全面推进乡村振兴，中国建筑紧扣乡村振兴"20字"总要求，坚决落实"四个不摘"，主要领导亲赴一线，各子企业深度参与，立足帮扶地区资源禀赋，充分发挥自身在投资带动、设计引领、劳务用工、运营赋能等领域的比较优势，以组织优势筑牢基层党组织战斗堡垒，系统构建"五大优势"，扶持产业、创造就业、启智兴业，"全产业链"助力甘肃三县巩固拓展脱贫攻坚成果，接续推进乡村振兴。

二、主要做法

（一）发挥投资带动优势，扶持特色产业，提升"造血功能"

中国建筑坚持开发式帮扶方针不动摇，深度研判帮扶地区特点，依托

226

农业农村独特资源优势，加快推进乡村产业振兴和生态优化，发展壮大富民兴村产业，以无偿投入方式"点穴式"锚定甘肃三县特色产业发展，让农民更多参与产业发展、分享增值收益。具体规划如下：一是助力升级文旅产业，投入 1.8 亿元建设康县旅游产业扶贫示范园、卓尼特色产业示范区、康乐县民宿等示范项目，打造"洮砚之乡"产业园，擦亮地方文旅品牌；加强旅游资源宣传推广，利用旗下 11 家酒店，推出"坐熊猫专列·游神仙之地"等旅游线路。二是助力壮大特色种养殖业，推动品种培优、品质提升和标准化生产，深度参与康乐县"特色产业三年倍增行动"，捐建现代农业科技示范基地项目，引进自动化制棒生产线，建设菌类研发、培育配套设施；投资 20 万元改造升级卓尼朝勿村中华蜂养殖基地，在康县扶持三河坝镇农业产业示范园，累计带动 1000 余户群众就业增收。三是助力发展生态产业，投入 420 万元建设卓尼县光伏发电项目，消除两村草山纠纷，遏制乱砍滥伐势头；支持康县水毁重建，捐资 110 万元清淤河道 2000 立方米；投入 431.5 万元修建朱家沟桥、李坝村桥，投入 62.5 万元实施康县严家坝村银杏广场设计大赛、岸门口镇燕子河东侧绿化提升工程，有效推进美丽乡村建设。

（二）发挥设计先导优势，深度参与规划，绘就发展蓝图

中国建筑发挥在规划设计领域的技术优势，统筹考虑甘肃三县公共基础设施、生态人文环境和经济发展质量，深度参与帮扶地区县域规划和乡村振兴村庄规划的编制工作。具体规划如下：一是整合优势设计力量尽锐出战，组织中建旗下 7 家设计院全面参与，组建 108 名规划设计师突击队，驻村、驻镇，召开 15 次规划编制推进会、专家评审会议，将农业现代化与农村现代化一体设计、一并推进，有效促进城乡村融合发展。二是深度参与乡村振兴村庄规划，帮助康乐县 144 个村编制多规合一的乡村振兴村庄规划，注重在保护传统村落和乡村特色风貌的基础上，从产业、人才、文化、生态、组织等方面同向发力，进一步明确了实施乡村振兴战略的时间表、路线图和任务书。三是积极参与旅游产业发展规划，投入 1490 万元帮助康乐县编制全域旅游发展规划、城关丰片区控制性规划，帮助卓尼县编

制旅游发展规划和大峪沟创建国家 5A 级旅游景区规划，全面厘清县域旅游资源，明确旅游发展定位和重点项目，为县域旅游产业发展提供有效指引。目前，卓尼县已入选中国最美县域榜单，康乐县获评甘肃省园林县城，康县被列为"一带一路"美丽乡村联盟论坛永久会址。

中国建筑在康县捐资、设计、建造、运营的康县旅游产业示范园

（三）发挥劳务用工优势，坚持"鱼渔双授"，稳定群众就业

就业是最大的民生工程、民心工程、根基工程，是社会稳定的重要保障，必须抓紧抓实抓好。中国建筑充分发挥施工建造领域的劳务用工优势，为帮扶地区群众提供"岗位供给—技能培训—跟踪保障"全过程就业帮扶，让贫困群众共享企业发展成果，帮助他们用自己的双手勤劳致富。一是开展"点对点"就业招录，组织 79 家二、三级企业与三县劳务办精准对接，召开 50 次专场招聘会，降低招录标准，编制招聘手册，宣传到户到人，招录和劳务转输三县贫困群众 7000 余人，实现"一人就业、全家脱贫"。二是实施"订单式"技能培训，与甘肃建院联合创办中建高级技能人才班，开设学历班、电工班、测量班，构建"培训、实习、取证、就业"一体化培养模式，帮助 212 名贫困学子结业就业。三是搭建"一站式"输转通道，投入 30 万元建立劳务信息数据库，将 4 家当地劳务企业纳

入集团合格供方名录，拨付专项资金、组织专业力量，打造66个建筑劳务输出示范村，创新设立康县务工人员党校专班；开展"卓尼劳务输出春风行动"，打造康县燕河建筑工劳务品牌，构建"劳务公司＋示范村＋劳务带头人＋务工人员"模式，整建制解决贫困群众就业难题，招录和劳务输转三县五千余名群众到中建就业，带动万户家庭脱贫致富。

中国建筑采购帮销帮扶地区农产品2.3亿元

（四）发挥运营赋能优势，强化平台支撑，拓宽多维渠道

中国建筑依托自身电商平台运营优势，全力打通帮扶地区农特产业"平台、品牌、渠道"的痛点、难点、堵点，建立采购帮销新模式。一是提供专业化平台支撑，利用企业庞大合作伙伴群体、全行业最大网络集采平台优势，打造"云筑惠农商城"和"海惠优选"双电商平台，开设"中海优家"消费扶贫实体店，为91家企业（合作社）开设网店，上架商品1280余种。二是开展特色化品牌打造，投资300万元打造"云间沃野"藜麦品牌，推广"康县核桃""康乐香菇"特色品牌，上线双电商平台，线下定销食堂和工地，举办楼盘营销、客户馈赠等宣传活动50余场，并作为高端商务伴手礼广为推广。三是拓展多元化销售渠道，举办"两地一心 共庆中秋"香港、内地助力乡村振兴云直播，将三县产品推销向港澳市场；开展集中采购行

动，一周内清仓康乐香菇 6.8 万斤、当归鸡 3 万只，帮助农民走出困境。

（五）发挥基层组织优势，坚持结对共建，推进文化共育

"乡村不仅要塑形，更要铸魂。"中国建筑充分发挥基层党组织的战斗堡垒作用，采取党建联建、结对共建等方式，组织 8 家子企业与甘肃三县 19 个村党支部结对共建，帮助壮大村集体经济、提升治理能力，探索建立乡村振兴示范村。一是开展组织共建，投入脱贫攻坚专项党费，捐建、修缮贫困村党组织活动场所 40 余个，培训村两委班子、致富带头人 3700 余人次，组织外出学习十八洞村脱贫经验；开展联合党日，走访困难群众，做好政策宣讲，加强情感沟通。二是坚持文化共育，中建摄影协会赴三县实地采风，联动三县录制《和你在一起》音乐短片，在新华网、学习强国等主流媒体广泛传播；联合康县举办"青年能量站"活动，邀请建党 100 周年庆祝大会领诵员赵建铭宣讲；联合卓尼举办"建证百年同心筑梦"开放日，联合甘肃省民族歌舞团"送文化进工地"，有效促进民族团结，送去人文关怀。三是推动示范先行，选取卓尼县吾固村、康乐县何家沟村、康县张家河村，打造乡村振兴示范点，投入 4000 万元扶持香菇、蜂蜜、土鸡、茶叶等专业合作社（扶贫车间）49 个，建立"党建＋合作社＋农户＋电商"的新型发展模式，稳定群众就业，改善基本民生。

中国建筑在康乐县捐建温家河希望小学

三、成效反响

经过十年的艰苦努力和工作实践，中国建筑累计认购央企扶贫基金 16 亿元，向三县选派 30 名挂职干部，投入帮扶资金 4.86 亿元，实施帮扶项目 524 个，帮助甘肃三县提前实现整体脱贫"摘帽"，累计减贫 19.6 万名贫困群众，345 个贫困村全部脱贫出列。

通过大力发展文旅产业，三县公共基础设施、人文环境和发展质量得到明显改善，卓尼县入选中国最美县域榜单，康乐县获评甘肃省园林县城，康县被列为"一带一路"美丽乡村联盟论坛永久会址。通过培育发展劳务产业，近三年来，累计招录和劳务输转三县 7000 余名群众到中建就业，每年上交三县财政税收超千万元。通过发展种养殖业等扶贫车间，累计带动 2300 人就近就业。近 5 年来，累计采购帮销帮扶地区农特产品 2.3 亿元，并将产品推广至中国建筑 36 万职工、300 万业主及 950 万案场客户。通过党建联建，康县杨家河村开展的行为公益活动被全县 21 个乡镇观摩推广，成为精神文明建设典范村。康乐县何家沟村菌类合作社实现年产值 120 万元、纯利润 35 万元，吸纳 20 余名群众就业，先后接受省市县观摩 6 次，被评为甘肃省脱贫攻坚先进集体。

四、典型意义

（一）优势要整合，不能搞"大包干"

企业要始终明确自己在脱贫攻坚和乡村振兴工作中的角色定位，在县域脱贫攻坚和经济社会发展中要扮演好"参谋"和"助手"的角色，立足于自身优势领域，整合所处行业优势资源，为帮扶地区提供最有效率的支持和帮助。

（二）帮扶要精准，不能撒"胡椒面"

产业是带动帮扶地区发展的重要引擎，帮扶项目和扶持产业的选择一

定要基于受援地的资源禀赋，综合考虑历史文化、地理气候、政策环境、产业基础等因素，精准实施对帮扶地区经济最具有带动作用的帮扶项目，确保"好钢用在刀刃上"。

（三）品牌要推广，不能变"自嗨锅"

帮扶地区的产品要走出大山、走进市场，就必须提升相关产品的商业价值，充分运用电商平台优势，发挥"线上＋线下"的联动优势，为产品打造品牌、拓展销路、提升价值。

（四）规划要超前，不能走"回头路"

在深度参与帮扶地区县域规划和村庄规划的过程中，不能仅局限于解决现有的"两不愁三保障"问题，这是底线要求；要针对省市县的"十四五"发展规划，做好前瞻性思考和科学性谋划，确保规划的制订禁得起历史的检验和人民的期待。

实现中华民族伟大复兴，最艰巨最繁重的任务依然在农村，最广泛最深厚的基础依然在农村。中国建筑将坚决扛起党中央和国务院赋予的历史使命，继续发挥自身优势，当好帮扶地区乡村振兴的"参谋"和"助手"，为甘肃三县高质量、可持续发展提供"中建方案"，贡献"中建力量"。Ⓖ

一个贫困县的8年"翻身仗"：
曲靖市商业银行金融"活水"
"贷"动小黄姜产业

金融壹账通

一、案例概况

进入2021年，中国银行业零售数字化转型开始全面提速。大量银行发现，外部环境和自身经营状况对资产结构调整提出越来越紧迫的要求。但是零售数字化转型的道路漫长且困难，不仅需要制订明确的战略转型规划，还需要大量的资金与人才投入，更需要时间来探索和沉淀。除了国有银行和股份制银行，这对其余大多数中小银行来说都是难题。

然而，有一家区域性银行，在新冠肺炎疫情防控的特殊时期，潜心运用数字化工具搭建产品，在该产品上线投产后立即引爆市场，每月投放占比市场新增规模的30%，截至2021年6月末，累计发放33.54亿元，甚至单月最高投放量一度突破4亿元。创造出如此亮眼成绩的就是曲靖市商业银行的"好房快贷"。

二、主要做法

初冬时节，云南省曲靖市罗平县20余万余亩小黄姜迎来了收获时节，田间地头、房前屋后，随处可见姜农们抢收小黄姜的忙碌身影。罗平县的

小黄姜质细纤小、味道鲜美。拥有 300 余年姜种植历史的罗平县更被誉为"云南省最大的小黄姜国际交易市场"。

但反观硬币的另一面，罗平县的贫穷问题也十分突出。2012 年罗平县被认定为全国 14 个连片特困地区 680 个贫困县之一，但到 2020 年罗平县 142 个贫困村已全部脱贫出列，贫困发生率从 2014 年高达 8.08% 大幅降低至 2019 年的 0.007%。

8 年间，倚靠小黄姜作为县农业的重要支柱产业，罗平县到底打了一场怎样的攻坚战？

2021 年的冬天并不比往年来得更早一些，作为连通产销的当地批发商，土生土长于斯的郭永杰目睹小黄姜农抢收的喜悦场景，却一时间百感交集，期盼和焦虑一并涌上心头……

郭永杰，正是小黄姜产业链中的一位普通的批发商。2021 年 11 月他和农户谈成了一批小黄姜贸易生意，品质上乘、价格优惠，但苦于手中资金不足无法拿下，心急火燎的他一筹莫展。在同县批发商的推荐下，郭永杰拨通了曲靖市商业银行的咨询电话。

经验丰富的信贷员清楚，对批发商来说，早一天获得贷款资金，就意味着批发商拥有了更充沛的现金流及更充足的商业弹性。信贷员上门完成基础资料采集后，上传系统审核，当天即得到审批结果，约好第二天到银行网点签合同放款，最终化解了这位小黄姜批发商的资金难题。这背后，正是曲靖市商业银行力推的拳头产品——"好房快贷"带来的功劳。

回顾受新冠肺炎疫情冲击的 2020 年，小微企业和个体工商户的经营可谓雪上加霜。为全力支持复工复产，针对小微企业、个体工商户"短、小、频、急"的特点，曲靖市商业银行在 2020 年 5 月推出了普惠金融房产抵押类信贷产品——"好房快贷"，大幅提升用户获得金融服务的便捷性和及时性。

缘何"好房快贷"一经推出，即能收获如此良好的市场反响，受到本土个体户的热捧？

事实上，曲靖市商业银行在这场零售转型变革中率先确立了"重构零售信贷经营机制、重塑产品流程管控机制、深度融合金融科技赋能"的经营理念，在国内领先的科技服务商——金融壹账通的助力下，破除了过去零售信贷"基础薄弱、产品单一、流程管理繁杂"等问题。

"好房快贷"正是曲靖市商业银行携手金融壹账通打造的首个引爆行业信贷产品，其在贷前、贷中、贷后全流程引入金融壹账通的人工智能、大数据风控等技术。大量前沿科技赋能的应用，不仅让银行审批工作得到有效的辅助支持，更是大幅提升了客户申请的便捷度与体验感。

其一，通过"线上＋线下"等多种申请办理渠道，企业主可因地制宜选择渠道提交贷款申请，极大程度简化了办理手续，节省了繁杂的资料准备和提交过程。

其二，通过引入 AI 外呼机器人，针对存量客户基于推荐算法进行客户需求匹配，提高营销落地效率；针对增量客户进行基于客群画像标签分析以进行智能外呼，触达意向客户。

其三，引入多维度数据判断客户风险，通过机器学习算法、地图 POI 分析等技术，自动判断和监控抵押物房产的价值风险和流动性风险，24 小时内即可将审批结果反馈给客户。

"得益于金融壹账通的技术研发能力，产品营销工具的智能化程度非常高，这大幅提升了业务办理效率和决策能力。"曲靖市商业银行方表示，"科技赋能将业务场景中的每个单点都落到实处，数字化转型理念在'好房快贷'产品中得以充分体现"。

金融壹账通解决方案介绍

三、成效反响

作为云南省三家城市商业银行之一，曲靖市商业银行早于 2010 年利用地方法人机构经营灵活的特点，引进德国 IPC 技术，立足地方经济，深入服务本土中小企业。"好房快贷"产品一经推出即引爆市场，单月最高贷款金额一度突破 4 亿元，截至 2021 年 6 月末，"好房快贷"产品在一年里的累计发放金额已突破 33 亿元，引领了曲靖市商业银行二次增长曲线的飞跃。

借力曲靖市商业银行的金融"活水""贷"动小黄姜的产业动能，通过"扶贫开发 + 行业协会 + 贫困户 + 生姜种植户"的扶贫模式，罗平县将小黄姜产业打造为县农业发展的重要支柱产业，2021 年预计实现总产量 47 万吨，全年总产值为 14 亿元，这对罗平县来说无疑是个大数目。

决胜脱贫攻坚、决胜全面小康的成效显著，罗平县 8 年间减少贫困人口超过 4 万人，这无疑与小黄姜产业的迅猛发展密不可分——到 2021 年，罗平县已有近 10 万人从事小黄姜种植，年户均增收 2 万元以上。

四、典型意义

经典的"康威定律"（conway's law）提出，组织的沟通方式，决定了该组织设计的系统架构和产品架构。"烟囱"，是形容公司 IT 架构的经典比喻——每个业务线由不同的开发团队独立建设，技术栈不同且互不关联。过去，商业银行信息系统的建设和管理都是以部门为中心、以部门 KPI 为导向的，其奠定了商业银行"烟囱"式架构的搭建非常盛行。

在赋能商业银行转型的过程中，银行传统"烟囱"式架构往往会引发搭建系统成本高、动作慢、经验无法共享等问题。随着同业务领域的产品增多，会形成多个雷同的"烟囱"，但不同"烟囱"之间的数据却无法产生联系，系统的公共组件也很难复用。

在近年的业务实践中，很多银行也深感数据孤岛、"烟囱"式架构之痛，只是过去鲜有人把"拆烟囱、搭积木"作结构化、体系化的尝试。

为帮助中小银行"拆烟囱、搭积木"，金融壹账通对智能风控平台进行了全面升级——通过技术重构打通全流程，以房抵等标准场景为切入口，快速叠加汽融、烟草、白领等多个数字信贷场景和营销运营模块，成功实现"一个平台对外、配置多种产品"，升级后的新一代智能风控全流程贷款平台集合了信贷核心系统、全渠道获客、多场景产品的模块于一体。

从银行传统业务转向基于本地化的特色业务场景，数字化发挥了关键的作用。相较大中型银行，区域性银行更深谙本土产业和客户的特点。在此基础上，金融壹账通凭借丰富的金融经验及领先的科技手段，帮助区域性银行构建线上化、智能化、生态化的数字转型能力。

在赋能中小银行的方式上，金融壹账通与很多机构的做法有着天然的区别：不少助贷机构采取了"黑匣子"模式，中小银行很难通过与其合作建立自己的风控体系和产品体系；但金融壹账通一直秉持赋能者的理念，以"授人以渔"的方式为中小银行提供科技抓手，帮助各家银行对风控系统和产品体系进行数字化升级。

虽说零售业务千人千面，但银行很多业务线产品、系统的核心点本质上是一致的，资源可以复用。通过中台化的整合，可以把核心要素（积木）抽取出来做成组件，后续根据业务需求重新"搭积木"，可实现对业务前端的快速反应和有力支撑。

"没有集装箱，就不可能有全球化。"在《集装箱改变世界》一书中，1956 年集装箱的首航，彻底颠覆了整个物流体系，其革命性创新在于其构建了一套高度自动化、低成本和低复杂性的货物运输系统，替代了原本零散的货运体系。

在新冠肺炎疫情席卷的当下，数字化早已不仅仅是降本增效的作用，而是关系企业生死存亡的问题。微妙的变化往往早于大众的认知，"标准化""可复用""高标准性"已成为商业银行乃至各行各业中台建设的核心诉求，金融壹账通将以科技的力量助力企业"拆烟囱、搭积木"。⑥

数字金融创新破解农民"借款难"
——工银科技联合工行河北分行和河北供销社利用"互联网+"助力乡村金融

工银科技有限公司、中国工商银行河北分行和河北省供销社

一、案例概况

2022年2月22日，中共中央、国务院公开发布《关于做好2022年全面推进乡村振兴重点工作的意见》，首次将"强化乡村振兴金融服务"单列成项并进行具体部署，突出了金融在乡村振兴中的重要作用，成为金融资源为乡村服务的行动指南。为积极践行国家乡村振兴战略，中国工商银行（以下简称工行）一直秉承"国家所需、金融所能、工行所长"原则，持续探索金融科技赋能，不断完善面向乡村的全场景智慧生态服务。金融科技赋能乡村振兴，需要走开放化合作道路，构建数字乡村"协同生态圈"。工行依托金融科技赋能，通过"找伙伴、搭平台、供服务、筑生态"的模式，实现场景融合与业态联动，不断融入乡村发展联合生态，助力数字农业农村建设。2021年末，工行联合河北省供销社共同打造河北供销惠农应用平台，共建省市县乡村五级综合服务体系，在提供各类农村公共服务的同时，让金融服务成为支持农村生产经营消费的有力抓手，把工行更多普惠金融服务送到乡村的田间地头，让老百姓、

小微企业真正享受到国家的惠农惠民政策。

"河北供销惠农"App 展示

工行河北分行联合河北省供销合作总社旗下河北省惠农投资有限责任公司，依托工银科技有限公司（以下简称工银科技）的科技研发能力，共建河北供销惠农服务。作为平台型企业强强联合，共同参与河北乡村振兴建设，充分发挥河北5.8万个供销社实体网点的服务能力，将工行金融服务有效输出，通过金融科技赋能乡村建设，不断完善乡村服务能力，助力农业供给侧结构性改革，推动构建具有竞争力的现代农业产业体系，为实施乡村振兴战略提供强有力的支撑。

二、主要做法

在推进乡村振兴的新征程上，专业高效的金融服务不可或缺。为此，工银科技凝聚多方合力，激发乡村振兴动能，推动更多资源向乡村振兴重点领域和薄弱环节倾斜，努力用金融科技为乡村插上振兴腾飞的翅膀。经过半年的努力，打造出"河北供销惠农应用平台"。

（一）建设河北供销惠农应用平台，为乡村生态建设创造环境

乡村振兴生态建设是一项系统性工程，必须携同各方发挥合力，将生

态中关联的实体组织起来。河北供销惠农应用平台作为综合性服务平台，为各方实体搭建桥梁。以微信小程序和手机 App 应用为载体，整合本地优质资源，为农户和企业提供了乡村便民服务，包括社会公共服务、农技推广、乡村新闻资讯、农产品电商、乡村快递、土地流转、农机租赁及乡村金融等服务。对于普通农户，可了解最新惠农政策、观看乡村新闻资讯、线上农技咨询并与专家对话、完成各项生活缴费。对于企业或大户，可进行商户入驻，在电商模块售卖优质农产品、在农机租赁模块运营农机租赁业务、在金融服务模块获取金融支持。对于运营机构，可通过平台与农户或企业开展业务合作，完成土地流转、农技推广等业务。

河北供销惠农应用平台以最新的科技手段为依托，充分发挥平台型企业优势，以数字技术创新企业组织管理方式，重新组合和重构经济活动参与方的联结方式，进而推动生产要素的优化重组，激发新的社会生产力。充分运用大数据技术优势，将市场各方以"最短路径"直接关联起来，缩短沟通成本，从而提高生产和市场效率。随着平台的持续深度运营，以筑巢引凤的方式，不断引入优秀企业入驻，为生态建设良性发展创造平台环境。

（二）运用互联网技术科普农技知识，推动乡村人才振兴

乡村振兴，关键在人。广大农民群众成为乡村振兴的主力军，教育引导、组织带动群众投身乡村振兴成为重中之重。为此，河北供销惠农应用平台采取以下有力举措：一是运用互联网技术手段，设立农技推广微课堂，积极开展乡村振兴主题培训；二是依托河北供销社的组织能力，坚持因人因地施教策略，线上线下进行不同类型的定制化培训，如针对家庭农场的农业技能培训、针对乡村能工巧匠的职业技能培训、针对返乡入乡创业创新人才的创业就业培训等；三是协调农业专家的专业知识，提供线上专家问答服务，农民将问题发布在平台，指派专家进行回应，建立农民与专家的交流通道，形成"三点一线"高效解决问题的通道，为农民解决问题提供帮助。

数字化与信息化已成为农村建设的发展趋势，平台以移动互联网应用

为切入点,让农民在田间地头就能享受信息化服务的便利,有效地搭建沟通桥梁,打通了农业专家服务群众的"最后一公里",实现了农业专家和广大群众、生产企业的高效互联互通,为河北农业生产提质增效架设了一条技术交流、资讯传播的"信息高铁"。

(三) 加强金融服务支持,助力乡村产业快速发展

乡村产业振兴,首先要解决资金来源单一、资金投入少、相关信用不高等问题。针对农村金融服务面临的信用基础薄弱、需求差异多样等特点,工行河北分行充分发挥"技术＋数据"双轮驱动作用,创新产品,使其适应乡村客群特征,推广涉农普惠贷款品牌"工银兴农贷",引导农户了解工行"兴农通"相关产品,进而提升服务乡村振兴战略的金融供给能力。当下乡村环境,信用体系、金融教育、消费权益保护等金融基础设施落后,造成金融资源不敢、不能、不想进入"三农"领域,为解决此问题,一方面以河北供销惠农应用平台为依托,通过大数据运营分析手段,逐步完善信用体系、普惠金融教育,强化乡村消费权益保护机制;另一方面线下结合供销社实体组织现场调研情况,针对尚未完善征信的小微企业或农民农户等群体,补充信用缺失的数据,再由河北分行提供定制化金融服务。

工行河北分行按照相关监管要求,牢牢守住不发生系统性风险的底线,平衡创新与监管、市场主导与政策引导的关系,通过平台强化金融资源的普惠性,改善乡村产业发展的软环境,调动农民群众合理使用金融资源的能动性和主动性,着力推进农村居民金融服务普惠化、农业产业现代化、农村建设数字化,为河北广大乡村地区提供更加精准、更加便捷、更加优质的金融服务。

(四) 建立线上线下联动机制,夯实多层次立体服务格局

金融服务乡村振兴,服务触达体系是基础。当前乡村金融需求呈现面积广、客群散、规模小、频次低等特点,单纯依靠传统网点的服务模式难以对广大农村地区形成有效覆盖。工行坚持多渠道协同,构建线上

线下联动的多层次立体化服务格局，延伸服务半径。线上依托河北供销惠农应用平台，增加金融服务宣传引导，可通过平台了解金融服务，建立线上金融服务触点渠道。线下工行河北分行将与河北供销社合作，联合建设并运营乡村普惠金融服务点，通过"服务点＋使者"的模式，打造线下乡村金融服务新触点。

中国工商银行河北分行线下为农民提供金融服务

线上线下联动机制的建立，满足了小微企业和农户线上反馈金融诉求、预约服务网点，线下办理的诉求，为小微企业和农户提供更可靠、更贴心、更安全的金融服务。线上线下一体化服务，让数据多跑腿、农户少跑路，随时随地办理业务，不断提升"金融服务人民"的质量和水平，为河北乡村振兴提供坚强的金融服务保障。

（五）推动乡村产业模式创新，提高农民收益

面对农村人口老龄化、耕地碎片化的问题，工银科技联合河北供销社推出土地流转功能，使其成为农业生产规模化、集约化的有效途径，是当前农村资源性资产创收的主要方式。供销社在河北尝试产业模式创新，联合当地合作社及村组协同实施，开展土地流转工作，组织当地村委会或农民进行签约，集中运营流转的土地，农民不光能够获取流转租金，还能在土地集中运营中获取务工收入。

河北供销社联合当地村委组织农民进行土地流转签约

通过河北供销惠农应用平台，管理农村集体资源性资产流转信息，规范了土地承包经营权流转行为，保护了流转各方的权益，进而有效提高了土地流转效率，减少了交易双方发生的合同纠纷，提高了农民的契约精神。同时，也极大地方便了对土地资源的整合与运营，为河北新型农民进入农业农村提供最大、最便利的通道，吸引人才进入乡村建设。

三、成效反响

河北供销惠农应用平台以提供乡村服务为基础，为河北乡村振兴生态建设提供平台支持，在公共服务、金融服务、土地流转服务上都取得了良好的成绩与反响。

（一）公共服务

首先，在快递帮取方面，通过线上平台办理快递业务，提升河北乡村快递服务能力。目前，已建立快递站点1586家，完成快递服务12030次。其次，在农技推广方面，帮助农民科普农技知识，搭建农民与专家交流的桥梁，提高农民基础技能，为河北培养现代化农业振兴人才。截至2022年4月初，累计组织农技推广106次，组织特约专家解决农民问题30余次。

最后，在生态建设方面，吸引优秀企业入驻，为企业提供施展平台，持续完善河北乡村发展生态圈。截至 2022 年 5 月末，电商平台已入驻 210 家商户，其中涉及农资产品类商户 200 余家，农机租赁入驻商户 50 余家。平台自上线运营以来，获得农民和企业用户的大力支持，平台功能也在不断迭代完善。

（二）金融服务

通过建立线上线下联动机制，极大程度地强化了乡村金融服务能力，充分发挥了河北供销社线下网点优势，增加工行金融服务触点，为河北农户和企业提供了更便捷的金融服务。平台线上宣传金融服务政策，收集金融服务诉求，线下上门办理金融业务，提供定制化的金融服务，切实让小微企业和农户能够"看得到、享受得到"普惠金融服务。截至 2022 年 5 月初，累计接收农户和小微企业金融服务咨询 3100 余次，提供上门服务办理业务 500 余次，持续加强乡村金融服务能力。

（三）土地流转服务

开展河北乡村土地流转工作，创新土地运营新模式。一方面提高了农村土地价值利用率，为河北农业生产的规模化和组织化建设积累了经验。另一方面切实保障农民利益、提高农民收益，集中化运营返聘农民务工，拓宽了农民收入渠道，也为乡村振兴储备了人才。土地流转业务开展以来，已形成了标准化的土地流转业务流程，完成土地流转 80 万亩。

四、典型意义

实现乡村振兴战略，人才是关键，产业是支撑，生态是重点。以科技搭建平台系统，运用互联网技术实现人才培养、科普农技知识，采用大数据技术辅助产业模式创新、提高产业效率，通过平台深度运营完善乡村生态建设，以科技手段促进乡村信息化建设。河北供销惠农应用平台系统的建设、运营与不断地在"用科技促进河北乡村振兴"的道路上进行的探索，可成为平台型企业参与乡村振兴的经验与借鉴，具有鲜明的参考意义。

引导数字金融向农村延伸下沉，推进农村普惠金融服务，把更多金融资源配置到农村重点领域和薄弱环节，强化乡村振兴的金融供给，提高农民群众的金融素养，更好满足乡村振兴多样化、多层次的金融需求。工行与河北供销社跨界联合，创新合作模式，共享资源、优势互补，从广度上，丰富了工行乡村金融服务触达体系，可为农业、农村、农民提供银行、保险、基金、融资租赁等多元金融产品或服务；从深度上，改善了乡村领域信用数据不健全的局面，使量身定制金融服务成为可能，增强了金融灵活性、适应性和可获得性，有效弥补了乡村金融的短板。通过银行与企业跨界合作，创新"金融+科技+运营"模式，对全国数字金融助力乡村振兴落地实施有巨大的参考意义。 Ⓖ

广电运通助力"粤智助"项目向基层延伸 打通政务服务"最后一百米"

广电运通金融电子股份有限公司

一、案例概况

近年来,国务院、广东省人民政府相继出台了《中华人民共和国国民经济和社会发展第十四个五年规划和 2035 年远景目标纲要》和《广东省国民经济和社会发展第十四个五年规划和 2035 年远景目标纲要》,擘画了全面建设社会主义现代化国家的宏伟蓝图,提出了两阶段目标,到 2035 年基本实现社会主义现代化,到 21 世纪中叶把我国建成富强民主文明和谐美丽的社会主义现代化强国。其中,提出农业农村现代化是全面建设社会主义现代化国家的重要一环,乡村振兴则成为一项关系全局性、历史性的任务。

为贯彻落实中共中央、国务院关于加强基层治理体系和治理能力现代化建设的战略部署,以及广东省十件民生实事要求,广东省政务服务数据管理局(以下简称广东省政数局)统筹建设"粤智助"自助服务平台,在全省所有行政村投放"粤智助"政府服务自助机,将政府服务送到农村群众身边,实现农村群众办事不出村和办事不求人。广东省农村信用社联合社(以下简称广东农信)组织下属农商行提供自助设备,广州广电运通金融电子股份有限公司（以下简称广电运通）负责自助机的研发、生产、安装、培训及运维。"粤智助"政府服务自助机可以实现公积金查询、政务打印、社保查询、银行账号查询、理财产品等 260 多项政府服务与金融业务自助办理，推动政务服务向基层延伸，打造泛在普惠的政务服务体系，为广大乡村群众提供丰富、便捷的政府服务，切实提升老百姓的幸福感和获得感。项目计划部署 20000 台"粤智助"自助机，实现全省行政村全覆盖。

村委会工作人员帮助群众使用"粤智助"自助服务机

二、主要做法

（一）创新举措

"粤智助"政府服务自助机是一款专攻乡村场景的综合轻型化智能终端，集成了多种业务功能，以用户自助操作为主、现场工作人员协助为辅。群众通过身份认证、拍照等环节，实现"一站式"业务办理体验，快速便捷开展公积金查询、政务打印、医保查询、不动产信息查询、银行账号查询、助农补贴领取等 200 多项政府服务与 9 项金融业务自助办理，具有智能化、简便易用、成本低廉、便于推广的特点，实现数据多跑路、群众少跑腿，用科技的力量为群众办实事赋能的新态势。

基于基层服务人群的特点，粤智助政府服务平台对不会操作电脑和智能手机的农村弱势群体进行了针对性的优化，AI赋能助老、防疫出实效。

在广东省政务服务数据管理局、广东省农村信用社联合社的指导下，广电运通在"粤智助"上采用加密签字屏、国密算法密码键盘等先进技术，业务上通过证件识别、人脸识别技术实现关联办理，降低了使用门槛，有效缩短了办理时间，让老年人也能轻松、安全地操作。同时，基于人工智能技术与业务不断融合，老年人也能更方便地享受银行账号查询、理财产品购买等金融服务，推进金融服务适老化、便利化，加速普惠金融的落地。

乡村振兴金融特派员协助群众使用"粤智助"

（二）特色做法

首先，加强组织领导。各地政务服务数据管理部门、农商银行、广电运通服务片区高度重视政府服务自助机投放部署工作，强化组织领导，明确牵头责任人，制订市级投放部署方案和计划，细化分解任务，压实市、县、镇、村各级责任，确保投放部署工作顺利开展。

其次，多方联动推进。各级相关单位形成工作合力，建立跨部门、跨层级的协同推进机制，构建省、市、县、镇、村五级联动机制和同频共振工作格局。并以省、市、县为单位，召开投放启动仪式，发挥党员先锋带头模范作用，保持常态化联络沟通，围绕工作中需协调解决的问题，及时研究对策，推动工作落地实施。

再次，强化督促落实。各地级以上市管理人员加强投放部署工作的检查督促力度，定期通报各县区工作进度情况，推动各方责任落实、措施落地。

群众就近到村委会自助办理服务

最后，广电运通准备充足的货源与人力，加快投放进度，做好自助机使用培训和日常管理工作。广电运通举全公司之力，整合资源专项保障粤智助的投放工作，完成乡村振兴特派员、行政村干部开展自助机的使用培训，主动做好群众办事引导和现场咨询投诉处理工作，协助做好自助机日常管理、宣传推广，以及做好自助机日常巡检和耗材补充、运维保障等工作。

三、成效反响

在社会价值层面，"粤智助"政府服务自助机是广东省委、省政府为构建泛在普惠的政务服务体系，打通农村地区政务服务"最后100米"而推出的综合智能终端。截至2022年6月，全省"粤智助"已安装19783台，实现了全省行政村全覆盖，共上线200多项服务，日平均业务量已达到9万笔，总业务量突破3000万笔，累计服务群众达1372万人，总阅读量35538次，接入266项公安、人社、医保、税务、农业农村、水电气、远程医疗等高频政务服务和公共服务。基层群众办事"就近办、自助办、一次办成"，切实提升群众获得感、幸福感，助力乡村振兴发展。

　　"粤智助"作为广东省政府"一把手"工程，得到社会各界关注，已经成为数字政府建设、乡村振兴的标杆工程，项目成果在 2021 年 11 月全国首届"数字政府建设峰会"上予以发布。"粤智助"项目还入选了广东金融业"我为群众办实事"实践活动"服务乡村振兴"优秀案例。

　　随着项目不断进展，中央电视台新闻联播、《人民日报》、南方网等各大媒体竞相报道，便民事例频见于报端。

　　在普宁市各镇村，不少返乡群众在春节期间通过"粤智助"快速打印粤康码和行程卡信息，不但避免了手工登记造册的烦琐，也提升了登记效率，有效减轻了村（居）干部的工作量。

　　在清远市阳山县大圳村，以前老人们办理银行卡基础业务需要到镇上银行排队办理，现在到村里面党群服务中心即可办理。

　　湛江市遂溪县下黎村近 1000 名 60 岁以上的老人使用布放在村委会的"粤智助"政府服务自助机，在 2 天的时间内，便捷完成了养老金生存认证，此前这项业务需要老人到镇上的政务中心办理。截至 2022 年 3 月底，"粤智助"已在全省让近 40 万名乡村老人在"家门口"便完成了养老金生存认证。

清远市政务服务数据管理局	茂名市政务服务数据管理局	鹤山市政务服务数据管理局
感谢信	感谢信	感谢信

部分感谢信

　　随着"粤智助"政府服务项目的深化部署，政务服务向基层延伸有了新抓手。

　　以清远市为例。截至 2022 年 3 月，"粤智助"政府服务项目已实现从连樟村 1 个村，到全市 1031 个行政村 200 万基层群众全覆盖的飞跃。通过创新服务模式，清远推出了"粤智助"电视频道清远试点项目，将"粤智助"植入广电网络电视机顶盒，频道内设政府服务查询、政府服务预约、生活百科、中小学教育、法律援助、远程医疗、普惠金融等栏目，使政务服务向社区居家客厅和乡村家庭延伸，让农村孩子在"双减"背景下享受优质教育资源，让群众足不出户就可以查询各种政务信息。

　　除此之外，"粤智助"还将不断拓宽渠道合作领域。通过持续深化政银合作成果，拓展运营商等第三方机构合作，助力政务服务在基层地区的下沉和延伸。同时，探索多渠道自助终端开展政务服务"跨省通办"，实现与周边省份自助政务服务异地办理，共同提升服务能力，创新政务服务新模式。Ⓖ

数字金融助力乡村振兴

——苏州市姑苏区鑫鑫农村小额贷款股份有限公司

鑫鑫农村小额贷款股份有限公司

一、案例背景及概况

苏州市姑苏区鑫鑫农村小额贷款股份有限公司（以下简称鑫鑫农贷）是一家挂牌"新三板"的全国资小贷公司，目前注册资本金4亿元。成立十三年来，鑫鑫农贷始终秉承"立足'三农'、繁荣经济、城乡兼顾、小额优先"的经营理念，以专业高效的客户服务获得了社会各界的广泛赞誉。截至2022年，公司月均规模达12.81亿元，共计服务650户，户均226万元；自成立以来累计约向3600户农户、自然人、个体工商户及中小微企业发放各类贷款逾140亿元。公司业务规模、经营效益和风控水平均处于小贷行业第一梯队水准！

鑫鑫农贷作为扎根农村、服务地方经济的全国有类金融企业，始终不忘初心，聚焦聚力"支农支小"重点工作，着力保障"三农"金融需求，以实际行动推进美丽乡村建设。一方面为大大提升客户服务的时效性、便捷性、经济性，减少客户借贷过程中的环节，鑫鑫农贷积极创新业务产品和业务模式，于2018年9月成功开发"鑫鑫农贷"微信小程序平台，全面实现了"惠农贷"业务的线上推广、线上放款全流程线上服务。另一方面鑫鑫农贷紧跟苏州政府号召，积极抢抓新赛道，助推数字金融产业发展。为全面增强公司核心竞争力，寻找有效业务支撑点，鑫鑫农贷在"惠农贷"产品和"转贷"业务上不断探索，将落地应用作为检验推进数字金融工作的重要标准，成功实现数字人民币在惠农兴农、助企纾困场景上的创新应用。

联合社区开展"惠农贷"产品服务推介会

实地走访张家港种田大户进行业务拓展

二、主要成果

鑫鑫农贷不断突破传统业务模式，探索数字化信息技术，通过开发微信小程序打通了线上获客渠道，同时成功建成业务授信审批与管理系统，实现线上全流程一体化业务办理平台。2022 年 6 月，鑫鑫农贷以数字人民币形式发放了苏州市首笔惠农贷款，转贷资金在小贷业务全面数字化转型的道路上取得了显而易见的成效。

（一）优化创新，加快数字化发展

"鑫鑫农贷"微信小程序的搭建，实现小微分散业务全自动化处理，小微贷用户通过小程序自助填写进件资料、自助实现身份核实、自助实现签订合同、自助实现借款还款扣息等功能，同时鑫鑫农贷可以通过管理后台快速敏捷发布产品，对产品风险模型做快速配置，实现产品的区域管理、利息管理、借据管理等相关功能。

（二）创新突破，数字化应用场景

从行业背景看，小微涉农主体抗风险能力弱，家庭可变现资产少，特别由于近两年新冠肺炎疫情影响，小微涉农主体利润薄弱、资金不足，如何做到贷款资金真正用于生产经营，解决贷款投放后顾之忧，数字人民币的精确投放提供了有益的借鉴。一是 2022 年 6 月 21 日，鑫鑫农贷成功以数字人民币形式，向螃蟹养殖户金某发放惠农贷款 5 万元，并依托运营机构中国银行加载智能合约，将数字人民币按照设定的资金用途，交易至上游饲料供应商数字人民币钱包。这是全国首笔由小贷公司发放的数字人民币惠农贷款，不仅取得了数字人民币应用场景上的突破，而且解决了传统小贷公司在资金用途上的监管不足，实现贷款资金的精准投放。二是鑫鑫农贷了解到受疫情影响，纺织品、针织品企业主俞某的公司流动资金紧张，银行贷款到期，周转面临较大压力。第一时间安排客户经理上门，通过沟通知道，企业主俞某已经开立了数字钱包，便提出将转贷资金以数字人民币形式发放，可以提高转贷效率和安全性。在得到客户认可后，鑫鑫农贷与农业银行吴江南麻支行联动合作，于 6 月 21 日将 50 万元转贷资金成功发放至俞某的数字钱包内，俞某通过支付模块再进行转账交易，直接归还银行贷款，银行在收到贷款后第一时间进行续贷，仅用时一天便完成了整个转贷流程，并将转贷资金安全收回。这是苏州地区发放的首笔数字人民币转贷资金，在助企纾困方面实现了新的突破，也是公司在数字人民币应用场景上的第二次尝试。通过使用数字人民币帮助实体企业进行转贷，不仅速度快，同时确保了资金闭环流转和用途的真实可信，增加了普惠金融的便利性。

数字人民币的应用不仅保障了授信资金闭环流转和用途的可信度，而且解决了传统小贷公司在资金用途上的监管不足，实现贷款资金的精准投放。接下来，鑫鑫农贷将紧跟中央人民银行和苏州市政府的要求，继续加大探索数字人民币在普惠金融领域的应用场景，切实帮助"三农"、中小微群体纾困解难和复工复产。

（三）转型升级，推动信息化建设

鑫鑫农贷数字化转型坚持需求导向、问题导向，聚焦业务发展过程中"急、难、愁、盼"等问题，推动流程再造，实现业务全流程线上办理。目前，已建成小额贷款高效运行管理的业务授信审批与管理系统，这不仅有利于优化管控平台整体架构，而且可以有效拓展数据存储分析、档案调取查询、项目客户全景信息展示等功能。同时，鑫鑫农贷还积极争取金农公司支持，将纳入监管的金农公司小贷业务系统与鑫鑫农贷综合授信审批系统平台无缝对接，有效强化合规管理工作。

为提高数字化服务效能，鑫鑫农贷综合授信审批系统已同步 PC 端和移动端审核审批，做到全面呈现业务品种、全面覆盖业务流程、全天候开展业务处理，保证材料齐全后第一时间内放款。2022 年 2 月 14 日至 4 月 30 日，公司通过线上服务完成了 180 余户农户的尽调及授信工作，累计为 88 户农户提供了共计 3104 万元的低息贷款支持。同时，在满足业务线上授信审批的基础上，配置资产管理、财务管理等个性化功能模块，实现业

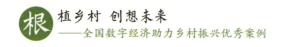

务系统与管理系统功能相融合，大大加强了公司风险防控能力、客户经营能力、系统稳定性和数据安全性，为高效地服务乡村振兴战略提供了强有力的信息科技支持。

三、实施成效

（一）扩大普惠金融的覆盖面

为了让农户深入了解"鑫鑫农贷"小程序，鑫鑫农贷班子成员带领干部员工，多次奔走田间地头进行宣传，不断扩大普惠金融的覆盖面，切实做好美丽乡村的建设者、普惠金融的服务者。小程序上线以来，累计发放贷款1470笔，金额4.84亿元。

（二）小程序维护成本低

小程序大部分的维护工作由腾讯官方团队完成，其维护成本、周期和流程简单，更新也主要在微信后端完成，微信小程序比原生App的升级维护更简单。

（三）小程序获取客户来源的便利性更大

基于微信自身庞大的用户数量，用户可以在微信平台上直接寻找想要的小程序应用，也可以通过公众号关联、小程序互推、好友分享等渠道寻找小程序应用，大大提高了获取客户来源的便利性。

四、典型意义

数字人民币贷款具有放款速度快、流转效率高、无须任何手续费的特点，提升了惠农金融的便利性和可获得性。由于本次数字人民币以智能合约的方式投放，钱包的数字人民币只能支付给指定的商户，保障了授信资金闭环流转和用途的可信度。

下一步鑫鑫农贷将继续探索数字人民币在"三农"市场的各种消费场景，为"三农"发展提供优质服务，为促进乡村振兴贡献金融力量。**G**

启明创投：
用公益创投助力中国乡村振兴，
促进共同富裕

启明维创创业投资管理有限公司

一、案例概况

2021 年，启明维创创业投资管理有限公司（以下简称启明创投）携手中国乡村发展基金会（原中国乡村发展基金会）启动"中国乡村振兴创业者支持计划"。启明创投捐赠 1 亿元，将培训、赋能 2000 名乡村创业者，以及在 40 个县培育 40 家基层社会组织。"中国乡村振兴创业者支持计划"致力于推动乡村产业发展创新和社会事业服务创新，通过"一个基地、两个创业营"的模式，支持乡村创业者实现梦想，为中国的乡村振兴与发展贡献智慧，助力乡村振兴，促进共同富裕。

启明创投携手中国乡村发展基金会启动"中国乡村振兴创业者支持计划"

启明创投捐赠 1 亿元助力乡村振兴

二、主要做法

（一）项目理念

愿景：每位乡村创业者都拥有带领村民走向共同富裕的机会。

使命：产业发展创新富裕乡村，社会事业创新服务民生。

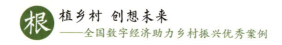

策略：以乡村产业创业营与乡村社会服务创业营为抓手，用公益创投支持乡村创业者，助力乡村振兴

（二）项目目标

目标1：激发中国广大农村更多年轻人开展创新、创业，主动参与乡村振兴；项目赋能2000名乡村创业者，以及培育40个县的40家基层社会组织。

目标2：吸引更多创业者和企业家，把目光投向中国乡土，在乡村发掘和播种无限生机。

目标3：探索实践社会力量助力乡村振兴、促进共同富裕的解决方案。

（三）项目框架

"中国乡村振兴创业者支持计划"分为中国乡村振兴"乡村产业创业营"和"乡村社会事业创业营"。

1. 赋能乡村产业创业者

乡村产业创业营主要支持乡村创业者创办专业合作社，完善创业方案，促进乡村产业发展，推动用合作社发展乡村产业。具体而言，乡村产业创业营立足中国乡村发展基金会三十多年乡村发展领域实践经验及合作资源网络，依托蒙顶山学院实体培训机构及课堂教学、点位实训、种子资金、市场扶持"四位一体"的人才培养模式，面向全国选拔优秀的乡村产业创业者（农民合作社理事长、副理事长），全面支持其能力建设及创业发展。

（1）产业创业者能力建设。采用课堂教学与点位实训相结合的学习模式，向学员系统讲授农民合作社创业发展的基本理念、思路和方法。同时，选取课堂培训排名前10%~20%的优秀学员进入蒙顶山学院点位实训基地进行为期15~30天不等的进阶培训，全方位提高学员合作社经营管理的综合素养和能力。

（2）产业项目公益创投。参加点位实训环节并通过考核的学员，将形成农民合作社的创业发展计划，蒙顶山学院联合中国乡村发展基金会、启明创投等合作伙伴，定期组织评审会，通过项目书评审＋答辩＋专业机构评估相结合的方式，确定当年获得种子资金的项目。原则上，每年有 10 个农民合作社获得公益创投种子资金，平均每个支持规模 28 万元（根据实际资金需求确定资金规模）。

（3）项目区域：2023 年前，项目区域面向全国 832 个脱贫县。2023 年后，项目区域包括但不限于全国 832 个脱贫县，国家乡村振兴重点帮扶县优先。

综合考虑生源地经济社会发展水平和农村产业发展基础等因素，项目第一批招募重点面向四川、湖北、陕西、云南、贵州、甘肃等区域 832 个脱贫县，开展定向招生选拔及培养工作。招募人数预计 200 人，课堂教学环节不超过 1 万元/人，点位实训环节不超过 1 万元/人（10% 的优秀学员进入点位实训），公益创投每个支持 28 万元（5% 的优秀学员申报的项目获得公益创投种子资金支持，根据实际资金需求确定资金规模）。

2. 赋能乡村社会事业创业者

乡村社会事业创业营，主要支持乡村创业者创新基层社会服务，专注于解决乡村养老、儿童服务、困难群体帮扶等乡村社会问题，凝聚社会共识，汇聚社会资源，集聚社会力量，引导促进三次分配在乡村振兴、共同富裕中更好地发挥作用。具体而言，乡村社会事业创业营会面向全国选拔优秀的乡村社会事业创业者（基层社会组织理事长、秘书长及青年人），在蒙顶山学院等机构进行培训，学习交流公益理论、社会组织发展、乡村社会事业发展等有关知识和操作模式，提升对公益的认识和公益创业能力，进行公益项目创业支持。

（1）社会事业创业者能力建设。围绕"项目设计与管理、资源动员与资金筹集以及组织管理与运营"等内容，通过分级分层课堂培训、组织优秀机构交流参访，开展机构陪伴督导等形式，持续赋能人才，不断提升创业者能力水平。

（2）服务项目公益创投。为符合条件的基层社会组织提供连续三年合计不超过 120 万元的组织发展经费和项目经费，打造可持续发展的聚焦社会事业的品牌公益项目。同时，通过搭建资源整合平台，支持基层社会组

织引入更多的社会力量和资源，支持项目和机构发展，解决更多农村社会问题。

（3）项目区域：2023 年前，项目区域主要面向全国 832 个脱贫县。2023 年后，项目区域包括但不限于全国 832 个脱贫县，国家乡村振兴重点帮扶县优先。第一批项目招募区域面向全国 832 个脱贫县。招募数量：招募 12 家基层社会组织，每个县 1 家基层社会组织。项目实施周期为 3 年，每家基层社会组织三年项目周期内，投入资金不超过 120 万元。

3. 有效的资金运用监督和风险控制

"中国乡村振兴创业者支持计划"依托中国乡村发展基金会来具体落地。在内部，中国乡村发展基金会有健全的风险控制机制和措施（包括项目执行部门的流程化管理），包括财务部门的审核、监督，还设立了监测研究部，是基金会的内审部门，独立进行各项目的监测评估。

在外部，中国乡村发展基金会将严格按民政部规定进行信息披露，接受审计部门和主管部门的监督检查。另外，还通过捐赠人大会、网站、客户端等渠道，把项目的执行情况、资金使用情况，及时反馈给捐赠人。通过这些机制和措施，保证资金用到明处，用到该用的地方去。

三、成效反响

"中国乡村振兴创业者支持计划"从启动仪式起就备受关注，50 余家权威媒体和大 V 账号进行了报道关注，传播达 1.3 亿人次。工作组组织召开中国乡村振兴创业者支持计划线上宣讲、答疑会，为来自全国 50 余家县域合作伙伴进行线上宣讲及一对一答疑。同时，"中国乡村振兴创业者支持计划·乡村社会事业创业者招募"自 2022 年 1 月 24 日启动以来，设定专人专岗，项目组共接收上百个咨询电话，并针对问题进行一对一答疑。

截至 2022 年 3 月，已经确定了招生标准，启动了创业者招募、宣讲、答疑等工作，产业创业者板块确定四川、甘肃、湖北、陕西作为招生区域，各区域拟定招生规模 70 人，并向招生区域发送招募函。社会事业创业者板块分别向江西省民政厅和湖北省乡村振兴局发送邀请推荐的函并开展招募宣讲，同时开设专人专岗线上答疑。2022 年第二季度围绕申报资料的收集、评审、启动仪式开展工作。

2022 年 6 月 8 日，"启明创投—中国乡村振兴创业者支持计划"乡村社会事业创业者 2022 年项目终评会在中国乡村发展基金会举行。中国乡村发展基金会代表、启明创投代表、行业专家学者及来自湖北、江西、贵州、云南、新疆 7 个省份 17 个县相关部门代表参加。

乡村社会事业创业者 2022 年项目终评会顺利召开

17 个项目县及社会组织展开线上答辩。由中国乡村发展基金会、启明创投代表及专家学者共 5 人组成的评审小组，围绕"组织保障维度、公益创投项目维度、资源动员维度、社会组织维度"四个维度进行综合评议，最终确定 9 个项目县入选，成为中国乡村振兴创业者支持计划乡村社会事业创业者 2022 年合作项目县。

2022 年 6 月 27 日上午，启明创投联合中国乡村发展基金会发起的中国乡村振兴创业者支持计划·乡村产业创业者第一期培训班开班仪式在蒙顶山学院举行，来自陕西省的 41 名合作社理事长参加开班仪式并在此展开为期七天的培训学习生活。

中国乡村振兴创业者支持计划·乡村产业创业者第一期培训班开班仪式
在蒙顶山学院举行

四、典型意义

作为一家负责任的创业投资机构，启明创投长期在抗灾、教育、医疗健康等领域积极捐赠，回馈社会。启明创投也将依托在创业投资领域的丰富经验，筛选创新创业企业的能力、知识、流程、方式，用到乡村振兴的事业上来。通过智力、资金、资源的体系化赋能，以"共创"的方式来支持乡村振兴事业。用钱、用心、用脑进一步赋能"中国乡村振兴创业者支持计划"，在提升乡村振兴的公共服务水平方面出一份力。

启明创投创新性地将此次支持计划分为"乡村产业创业营"和"乡村社会事业创业营"。一改过往单纯资金捐赠模式，同时在项目选拔、督导陪伴和风险控制方面也进行了专业且严谨的机制建设，确保资金使用效率和透明规范。

　　也期望在未来能带动投资生态圈的 500 多家企业共同参与，如有农产品方面的创业企业，可以对接启明创投投资的电商平台；有乡村医疗方面的创业企业，启明创投投资的医疗服务平台，在合作过程中找到更多的连接和可能性。通过扶持优秀的乡村创业者，为乡村振兴事业作出应有的贡献。

　　全面推进乡村振兴，事关民生福祉，更是实现共同富裕的必经之路。通过对创业项目的扶持和帮助，期望激发农村创业者的内在活力，提升当地社会服务能力和创新能力，从而建立长效帮扶机制，为实现高质量发展、推动共同富裕贡献力量。Ⓖ

图书在版编目（CIP）数据

根植乡村　创想未来：全国数字经济助力乡村振兴
优秀案例／中国科技金融促进会，《财经》读数，北京
稷下智库编. -- 北京：经济科学出版社，2023.3
　ISBN 978 - 7 - 5218 - 4558 - 7

　Ⅰ. ①根… Ⅱ. ①中… ②财… ③北… Ⅲ. ①信息经济 -
关系 - 农村 - 社会主义建设 - 案例 - 中国　Ⅳ. ① F320. 3

中国国家版本馆 CIP 数据核字（2023）第 032630 号

责任编辑：宋艳波
责任校对：隗立娜　郑淑艳
责任印制：邱　天

根植乡村　创想未来
——全国数字经济助力乡村振兴优秀案例
中国科技金融促进会
《财经》读数　　　编
北京稷下智库
经济科学出版社出版、发行　新华书店经销
社址：北京市海淀区阜成路甲 28 号　邮编：100142
总编部电话：010 - 88191217　发行部电话：010 - 88191540
网址：www. esp. com. cn
电子邮箱：esp@ esp. com. cn
天猫网店：经济科学出版社旗舰店
网址：http://jjkxcbs. tmall. com
北京时捷印刷有限公司印装
710 × 1000　16 开　17.25 印张　250000 字
2023 年 3 月第 1 版　2023 年 3 月第 1 次印刷
ISBN 978 - 7 - 5218 - 4558 - 7　定价：198.00 元
（图书出现印装问题，本社负责调换。电话：010 - 88191510）
（版权所有　侵权必究　打击盗版　举报热线：010 - 88191661
QQ：2242791300　营销中心电话：010 - 88191537
电子邮箱：dbts@ esp. com. cn）